U0671946

# 自动驾驶

## 出行方式和产业模式的大变革

［日］川原英司
［日］北村昌英
［日］矢野裕真 等／著
陈琳珊／译

浙江人民出版社

**图书在版编目（CIP）数据**

自动驾驶：出行方式和产业模式的大变革/（日）
川原英司等著；陈琳珊译. — 杭州：浙江人民出版社，
2021.6

ISBN 978-7-213-10105-2

Ⅰ. ①自… Ⅱ.①川…②陈… Ⅲ.①无人驾驶—汽
车行业—研究Ⅳ.①F407.471

中国版本图书馆CIP数据核字（2021）第063653号

## 自动驾驶：出行方式和产业模式的大变革

[日]川原英司　[日]北村昌英　[日]矢野裕真等 著　陈琳珊 译

出版发行：浙江人民出版社（杭州市体育场路 347 号　邮编：310006）
市场部电话：（0571）85061682　85176516

策划编辑：赵　霞　张锡鹏
责任编辑：方　程
营销编辑：陈雯怡　陈芊如
责任校对：王欢燕
责任印务：刘彭年
封面设计：北京红杉林文化发展有限公司
电脑制版：济南唐尧文化传播有限公司
印　　刷：浙江新华印刷技术有限公司
开　　本：710 毫米 ×1000 毫米　1/16　　印　张：16
字　　数：190 千字　　　　　　　　　　　插　页：2
版　　次：2021 年 6 月第 1 版　　　　　　印　次：2021 年 6 月第 1 次印刷
书　　号：ISBN 978-7-213-10105-2
定　　价：68.00 元

如发现印装质量问题，影响阅读，请与市场部联系调换。

# 前　言

　　近 20 年来，互联网几乎将触角伸展到世界的各个角落，数字化的浪潮席卷了整个汽车产业，正在改变着人们的出行方式。在世人的认知中，汽车是"个人固定资产"，是供人驾驶的交通工具，依靠发动机来驱动、行驶。而如今，数字化正在打破人们对于汽车的固有认知，将人们带入"移动出行"（Mobility）这一全新的世界中。可以说，如今汽车行业正在经历"移动革命"，18 世纪的工业革命给社会结构带来了巨大的变革，如今的汽车行业也以移动出行为核心，进行着同样深刻的变革。

　　人、物、资本和信息等企业的重要资源正集结在以汽车为代表的移动工具上，真实的空间和数字化空间也正在进行有机的结合。今后，不仅人与人、企业与企业、机器与机器之间可以实现联结，人与机器等一切事物之间都可以实现联结，这些事物之间将通过不同的方式结合，创造出一个有着多种多样的交流方式的世界。

　　与工业革命时期一样，在构建全新世界的过程中，会有未能顺应革命发展潮流而逐渐走向衰落的企业，也会有由于未进行创新发展而被淘汰的企业，当然也会有许多抓住机遇的企业。在与以往截然不同的移动出行的世界中，谁将成为"霸主"呢？是处于制造业顶端的各汽车制造商，还是凭借强大的信息收集能力占据绝对优势的谷歌，或者是依托雄厚资金来打造全球高科技版图的软银集团呢？生存之战已经拉开序幕。

在未来，移动出行领域的中坚力量将如何崭露头角？本书将围绕未来移动产业经济的发展动向和新产业即将展开的竞争进行探讨。

在本书的序章中，将通过职业母亲的一天来明确革命浪潮带来的全新移动服务的方向。在第一章中，将介绍发生在汽车行业的"CASE"① 变化的整体情况。第二章将介绍在"CASE X②.0"时代可能会登上历史舞台的全新的移动经济模式。第三章将对通信行业、高科技行业、金融行业和能源行业可能出现的新事业机会进行预测。

在对"CASE X.0"时代的移动经济的整体情况有了初步的了解之后，第四章到第六章将介绍谷歌、软银集团以及现有汽车制造商在移动出行领域的"争霸赛"。最后，在终章中将通过分析发生在移动出行领域的破坏和创造的过程，探讨实现移动 3.0 世界的方法。

最后，衷心感谢东洋经济新报社的山崎豪敏先生和斋藤宏轨先生、领英公司的上坂伸一先生和中岛万寿代先生，以及埃森哲市场沟通部的高坂麻农先生的支持。

埃森哲战略咨询总部机动小组

---

① CASE，即 connected（互联化）、autonomous（自动化）、shared/service（共享化 / 服务化）、electric（电动化）4 个单词的首字母组合。

② X 表示未知的数字。

# 目 录

# 序章

## 未来某位职业母亲的一天

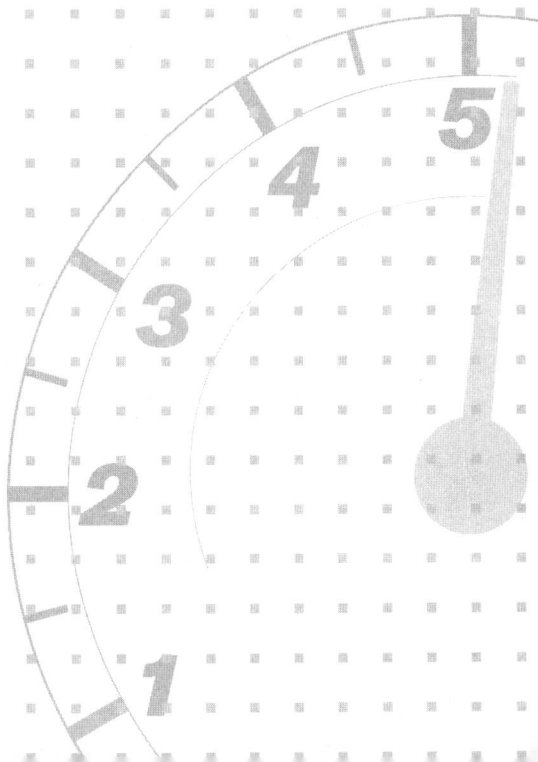

在移动 3.0 时代，人们的出行方式将会发生怎样的变化？

到 21 世纪的某个时代，自动驾驶技术已十分成熟，只需设置好目的地，汽车就可以自动载人到达指定地点，自动驾驶系统已成为新型汽车的标准配置。在最初导入自动驾驶系统时，政府、研究所、汽车企业进行了反复的探讨，社会上也出现了众多反对意见。如今，从家用车到商用车，自动驾驶车辆已在很多领域投入使用。我们注意到，那些拥有传统汽车或者自己驾驶车辆的人都是对汽车有追求的富裕阶层，传统汽车已成为汽车爱好者的奢侈体验品。

城市的风光也发生了改变，在大街上行驶的是没有方向盘的机器人出租车和负责配送的机器人，几乎看不到私家车。曾经随处可见的投币式停车场如今已不见踪影，商业设施的配套停车场也越来越小，然而道路两旁的人行道和绿化带格外显眼。

在未来，自动驾驶汽车和电动汽车大规模投入使用，逐渐成为社会基础设施的一部分，在这样的背景下，小到人们的移动体验和生活方式，大到社会整体将会发生怎样的变化呢？接下来将通过介绍生活在未来社会的一位职业母亲的一天，来展示未来社会可能会发生的变化。

## 无方向盘的汽车和无交通事故的社会

早上 7 点，卧室智能枕头中的闹钟准时响起，通过数字化系统控制的窗户自动关闭了遮阳功能，让灿烂的阳光洒入房间。我沐浴着舒适的朝阳，渐渐消去睡意，心情愉悦地起床。在没有智能枕头的时代，人们经常会因为睡过头而迟到，但如今已没有人会这样了。同时，智能枕头会根据人们睡眠时产生的脑电波来掌握其睡眠规律，通过分析过去的睡眠数据，在最佳时间开启闹钟。自动窗户也早已普及，它会根据人们的生活习惯在最合适的时间关闭遮阳功能。此外，它在阴雨天还能作为屏幕展示亚洲的风景胜地，营造美妙的气氛。

先起床的丈夫正在起居室对着安装在厨房柜台上的智能扬声器讲话，他今天要去北海道出差，须提前呼叫机器人出租车。30 分钟后，机器人出租车准时到达，并将"已到达公寓的指定地点"这一消息传送到家中的智能扬声器。机器人出租车系统会自动调度位于公寓附近的空车，以保证乘客能够准时到达目的地，这是一项令人十分放心的服务，而且车费也比有人驾驶的出租车实惠。过去因出租车费用高昂而不能经常打车的人，现在也可以经常选择机器人出租车出行了。

丈夫出门之后，我就要为女儿上学做准备了。以前我上小学时基本都是走读，小学生都是自己上下学，这在安全上得不到保障，因此后来日本禁止小学生独自上下学。而如今，学校运营的机器人巴士会负责接送小学生上下学。在机器人巴士快到达公寓时，会发来"还有3分钟到达固定地点，请做好准备"的消息，听到消息之后，女儿背上书包向门口走去。机器人巴士会帮助小学生避开上学路上的危险，保障孩子的安全，让父母可以不用亲自接送，因此机器人巴士在这个时代受到一致好评。

机器人出租车和机器人巴士上没有方向盘，无人驾驶状态下不需要人为介入。在这个时代，人为介入反而会增加危险性，这已成为基本常识，因此不管是成年人还是未成年人都可以安全地"移动"。由于人类不必自己驾驶汽车，因此交通事故的发生率也急剧下降，听说一整年的交通事故只有不到1万起，而且事故中大部分都是轻微事故，而在21世纪头10年，日本每年尚有接近50万起交通事故。

## 🚗 让城市从交通拥堵中解放出来

今天上午我要去客户的公司参加一个重要会议，我曾从其他地方去过这位客户的公司大楼几次，但是从家里直接去还是第一次。我一边匆匆地收拾，一边语音询问智能眼镜"如何又快又便宜地到达客户的公司"，话音刚落，眼前立刻出现了一些备选方案。近10年来，城市交通发生了翻天覆地的变化，由政府负责运营的多功能导航系统负责统一管理包括出租车、巴士、电车和汽车在内的所有交通工具，并实时管理信号灯和通行路线，智能眼镜使用的便是这项多功能导航系统的技术。得益于多功能导航系统，即便在上班早高峰也基本不会堵车，移动出行的所有费用也都可以通过线上电子货币结算，所有的移动出行费用都实现了可视化，便于日常收支管理。

今天，我选择的路线是先乘坐共享巴士到达附近的站点，再在这个站点换乘灵便的租赁电动自行车。在发达国家的主要城市，无须驾驶证即可驾驶的小型电动自行车的共享服务已十分普遍，所到之处均可见公共自行车站点。在今天这样的好天气，我与许多同样选择电动自行车出行的人们同行。

## 🚗 无须移动的全新城市生活方式

我于上午 8 点 45 分到达客户的公司，在确认过云端网络上的项目资料之后，团队成员也纷纷到场，居家办公的员工和其他公司的员工也通过远程网络系统参加会议。在搭载虚拟现实与增强现实技术的全息视频会议系统、触觉界面系统和 5G 通信技术的支持下，所有的参会人员犹如在同一个场所般顺畅沟通，即使远程也能够切实感受到客户所研发的新产品的触感和香味。

在劳动方式改革的影响下，我们的工作环境得到了极大的改善，几乎没有人需要一整周都上班。近几年来随着地价下跌，移居到风景优美的郊外的人络绎不绝。自动驾驶和虚拟现实技术催生了全新的生活圈。

据移居到郊外的朋友讲，住在郊外并没有特别不便之处，在网上商城购买的物品当日即可配送到家，急需的日用品和食材也能通过专门负责配送的机器人配送到家，住在郊外与住在城市并无太大差别。

## 🚗 免费移动出行服务的普及

一个小时之后会议顺利结束，我计划回到公司撰写新项目的计划书，因此我打算在回公司的机器人出租车上准备晚餐。虽说是准备，其实只是从烹饪机器人推荐的菜单中选择晚餐的菜品。人工智能技术会通过人们过去的菜单和在外面吃饭时点过的菜品来分析家庭全员的营养状况，并提供适合家庭全员的菜单和所需的食材，因此，我完全不发愁今晚吃什么。同时，机器人还会负责将缺少的食材配送到家，到家之后马上就可以烹饪食物。过去，我们常常为晚饭吃什么而烦恼，下班之后还要绕道去超市购物，再提着重物回家，职业母亲十分辛苦。现在，除了烹饪机器人之外，打扫机器人还会负责将家中打扫得干干净净。

在如今这个时代，能在网上直接完成的事越来越多，当然，这与在现场的体验不同。人们对于真实场所体验的要求也比以往更高，比如，会与聊得投机的朋友去餐厅享受美食，会在假日与家人去主题公园，等等。

最近，许多店铺开始提供免费的接送服务，从前只有部分高级餐厅和购物中心才提供免费接送服务，而如今，平价的居酒屋都开始提供免费接送服务了。本月末，为了庆祝妹妹顺利生产，我们一家人准备外出聚餐。在选择餐厅时，我们打算选择服务最好的一家，免费接送自然是不可或缺的考虑因素。

免费接送服务之所以越来越多，是因为店铺向出租车公司支付了接送的费用和车内的广告宣传费用。对店铺来说，比起自己花钱打广告，在接送服务中再增加一点钱来投放广告更划算。我丈夫在新闻报道中看到这类消息后，也大力倡导这样的广告投放方式。

## 🚗 移动出行服务固定资产化

为配合女儿放学的时间，我下班后通常选择乘坐自动驾驶的多需求巴士，这类交通工具提供介于自动驾驶出租车和自动驾驶巴士之间的公共型交通服务。望向窗外，我看着行驶于马路的汽车，它们与 10 年前的完全不同，小轿车和 SUV（运动型多功能汽车）完全不见踪影，取而代之的是带有品牌标志、形状独特的汽车。这些汽车都是欧洲的奢侈品牌商负责运营的移动式服装店，即便是虚拟店铺，只要有触觉界面系统，顾客就能体验到衣服的真实触感。但遗憾的是，这种技术目前还无法普及到普通家庭。因此，当得知可实际触摸并试穿的实体店可以移动到家里时，我欣喜若狂。

移动式店铺的使用方式和不动产租赁一样，想要开店的商家会在一定的期限内租赁车辆，以前租赁移动式店铺的多为知名品牌，而如今已有售卖服装、化妆品、书籍和电器等的移动式店铺，几乎涵盖所有领域。听说最近还出现了移动式办公空间、移动式旅馆和移动式温泉。

同时，市场上还出现了改变汽车外观的"车辆换装服务"，除了汽车制造商之外，一部分奢侈品牌和电器制造商也推出了面向个人的产品定制服务。因此，城市所到之处皆是设计独特的车辆。

## 🚗 零能耗的移动出现于世界

在这个时代，人们已经可以根据需要和使用场合选择不同的移动出行工具，由于可供选择的交通工具有机器人巴士、租赁电动自行车等，所以我家并没有配备汽车。在市中心，有很多像我们家这样没有配备汽车的家庭，但是在偏远地区还是每家配备一辆汽车。

机器人出租车运营公司要想收回投资成本，就需要提高车辆的运转效率。偏远地区人口密度低，机器人出租车的使用率也不高，无法开展机器人出租车服务。在我老家周边几乎看不到机器人出租车的踪影，地方政府引入了机器人巴士，这在很大程度上方便了人们的出行。但是，由于巴士是循环型的交通工具，无法随时为人们提供出行服务，居住在老家的父亲于数年前买了一部能源消耗较低的电动汽车。使用电动汽车基本上不需要支付能耗费用，这让母亲十分震惊，而父亲也因为可以省下钱去打高尔夫球而十分高兴。而且，当我们不再使用电动汽车时，电力公司会帮我们将剩余的电量卖掉。出于以上种种原因，目前市面上的汽车基本上都是电动汽车。

我到家之后刚好食材也配送到位了，几乎都是半成品包装，仅需简单烹饪，一点都不费事。女儿也放学回来了，其实，在女儿到家前5分钟，移动设备就已发来提醒，这一功能让我们做父母的十分放心。除了上下学会发送通知之外，机器人巴士还负责接送孩子。由于父母不需要亲自接送，节省了不少时间。

晚饭之后，女儿和她爸通电话，她爸说在北海道自己开了一次车，她爸很久没有自己开车了。

我的一天就这样结束了。

# 第一章

## "CASE" 将带来天翻地覆的变化

2015 年，在德国法兰克福车展上，时任戴姆勒股份公司（简称戴姆勒）董事会主席、梅赛德斯－奔驰汽车集团总裁的迪特·蔡澈（Dieter Zetsche）宣布，奔驰将从汽车制造商向互联网出行服务商转型，这震惊了整个汽车行业。之后在 2016 年的巴黎车展上，蔡澈正式提出了戴姆勒的中长期战略——"瞰思未来"（CASE）战略，这一战略引起了汽车行业的广泛关注。他们认为，"CASE"能够改变整个汽车行业的现状，甚至可以改变世界。

继福特汽车公司提出的大批量生产之后，时隔 100 年，汽车行业迎来了新的转折点，这个转折点便是"CASE"。通过构筑起巨大的价值链实现汽车量产量贩的制造业将依托科学技术革新，向出行服务业转型。

那么，"CASE"将构筑起怎样的移动出行服务框架呢？另外，移动出行服务将给社会带来怎样的冲击呢？本章将着重分析即将发生在汽车行业的独特变化。

## 🚗 时代的转折点

### 汽车行业的 4 个变化

近年来，读者朋友应该经常听到"CASE"一词吧。所谓"CASE"，取 connected（互联化）、autonomous（自动化）、shared/service（共享化/服务化）和 electric（电动化）4 个单词的首字母，表示发生在汽车行业的 4 个变化，即互联化、自动化、共享化/服务化和电动化。

互联化：基于大数据应用，扩大服务范围

21 世纪 20 年代，汽车行业可能会全面实现互联化，汽车本身所具有的一部分功能将被转移到汽车之外的云端服务器之上，现有的服务将得到高速发展。届时，汽车与用户之间将紧密相连，其他数据的应用也将有助于汽车行业价值链的形成，实现巨大的经济效益。

自动化：为消费者提供的价值和服务将发生变化

2020 年之后，全自动驾驶汽车进入市场，预计到 21 世纪 20 年代后半期便可普及。在成本优势的驱动下，汽车行业的共享服务也将得到加速发展，未来全自动驾驶汽车将成为人们不可或缺的移动出行工具，汽车的使用方法和相关服务也会相应地发生变化，各汽车制造商将致力于为消费者提供时间和空间上更加充实、丰富的移动体验。

共享化/服务化：拥有绝对顾客优势的服务提供商登上历史舞台

今后，消费者对于汽车的消费模式将实现从拥有到使用的转变，联结用户（使用者）和汽车所有者的平台所具有的服务功能和协调功能将成为维持这一变化的关键所在。根据使用情况的不同，消费者可以选择合适的汽车款式，消费者对于汽车的需求将从"个人拥有汽车时代"的多用途汽车转变为"可根据使用情况多样化选择"的单次使用汽车。如今，汽车、空间和能源等各方面的共享正在不断发展，极大地促进了资产效率的提升。面对如共享汽车这样能够提升效益的移动资产，推出符合共享特性的新型金融和配套保险是极为重要的。

电动化：电动汽车的快速普及

动力系统的电动化发展促进了零部件的通用化发展，同时，软件的调节控制功能也在加速发展。随着通用设备和软件应用规模的扩大，汽车行业的市场竞争也将愈加激烈。EV 电池的普及将催生新能源商业生态系统。

发生在汽车行业的 4 个变化，也从侧面反映了科技的发展和新型商业模式的出现。"C（互联化）""A（自动化）"和"E（电动化）"反映了科学层面的进步，而"S（共享化 / 服务化）"反映的则是商业模式的变化。科技的创新带动了商业模式的变革，反之，商业模式的变革也将促进科学技术的进步。

"CASE"并不仅仅表示发生在汽车行业的 4 个变化，"CASE"的 4 个要素之间相互作用，还加速了汽车行业的发展。C+A 可以实现远程操控，A+S 可以实现无人配送。互联化的发展加快了自动驾驶的发展步伐，正因为实现了自动驾驶，配套服务的发展也得以加速。若将最初汽车行业发生变化和出现新型机动性功能的时代称为"CASE 1.0"时代，那么从今往后我们将进入"CASE X.0"时代。

"CASE"的4个要素并不是单独发生变化的,而是互相叠加、共同促进了产品结构、价值链和商业模式的变化,催生出机遇与威胁并存的时代。

"⋯⋯⋯" 的不合理性并不恰当⋯⋯⋯⋯⋯⋯⋯⋯⋯⋯⋯⋯⋯⋯⋯⋯⋯⋯⋯⋯⋯⋯⋯⋯⋯⋯⋯

## 🚗 互联化：基于大数据应用，扩大服务范围

### 发端于 20 世纪 70 年代的车联网技术

互联化是促进汽车服务快速发展的技术条件之一，对于汽车制造商来说，互联化在创造基于车辆数据的新型服务方面也发挥着必不可少的作用。

实际上，宝马汽车公司（BMW，简称宝马）从 20 世纪 70 年代开始便着手研发汽车互联化系统，到 20 世纪 90 年代已开始为消费者提供联网驾驶（Connected Drive）服务。目前，约有 1000 万台汽车实现互联，宝马所研发的互联系统能够在汽车发生故障时利用数据进行灵活处理，让顾客安心、安全驾驶。对此，时任宝马首席执行官的哈拉尔德·克鲁格（Harald Kruger）宣称，宝马要在智能互联和电动化领域成为汽车行业的领导者。

除了宝马之外，通用汽车公司（GM，简称通用）也开发出远程信息处理系统"安吉星"（OnStar）；梅赛德斯 - 奔驰则推出了 Mercedes me（数字化汽车生活 App）；大众汽车公司也在 2017 年中期基本上做到了将智能互联服务覆盖全部车型，欧美汽车制造商率先推动了智能互联的标准化发展。虽然，日本汽车制造商在智能互联方面稍稍落后于欧美国家，但是丰田汽车公司（简称丰田）和本田技研工业株式会社（简称本田技研）也有望尽快实现汽车互联化。

## 互联化所具有的三大价值

互联化备受关注的原因有以下 3 点（图 1-1）。

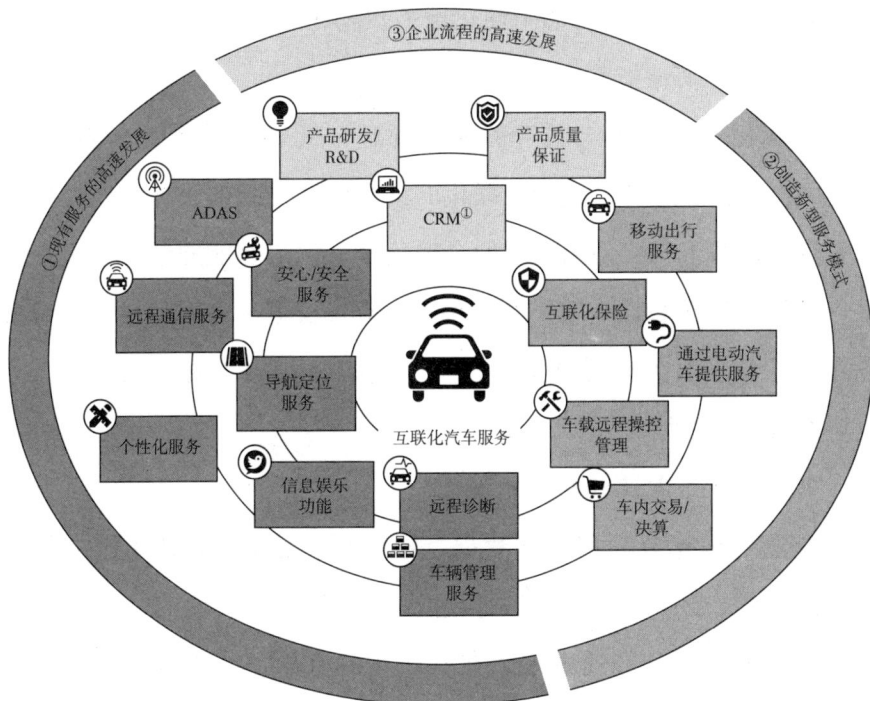

图 1-1 互联化所具有的三大价值

第 1 点，现有服务的高速发展

在车联网的运用中，汽车本身所具有的一部分功能将被转移到汽车之外的云端服务器上，汽车本身的功能和云端服务器的功能相辅相成，能够强化汽车的整体功能，现有的服务将得到高速发展。比如，负责处理事故和故障的呼叫中心等，汽车现有的安心 /

———————

① CRM 的英文全称为 customer relationship management，指客户关系管理。

安全服务、导航定位服务和信息娱乐功能等，以及车辆管理服务等的服务品质将得到大幅度提升。另外，远程诊断和充分利用互联功能的高级驾驶辅助系统，即 ADAS（Advanced Driving Assistance System），以及面向用户的个性化服务也将不断发展。

第 2 点，创造新型服务模式

互联化既加强了与顾客的触点管理，又可实时掌握车辆信息，我们可以期待通过共享化和互联化的结合创造出新的服务方式，比如未来将构建基于客户使用情况的金融信贷、保险和能源经济等服务体系。另外，包括 OTA[①]无线通信科技、车内交易 / 决算和移动出行服务在内的各项服务，通过交叉销售（cross selling）的方式实现经济收益的机会也将增多。

第 3 点，企业流程的高速发展

企业通过充分利用互联数据，不仅可以依托 CRM 系统加强对顾客的维护，还可以基于相关信息提高产品的研发能力，甚至还可以实现企业流程的高速发展。在互联化的背景下，市场营销的方式也将发生巨大的变化。

企业通过互联化连接各项通信设备，汇集地理位置信息、地图服务、救援服务、车队管理服务和保险等服务和数据，进一步提高自身的价值。随着服务的进一步拓展，软件结构也将发生变化，届时新加入移动出行行业的企业也将增多，结果将形成与以往汽车产业结构完全不同的新的生态系统。

---

① OTA 的英文全称为 over the air，指空中激活。

（🚗）**自动化：为消费者提供的价值和服务将发生变化**

### 研发之战

业界普遍认为，人类将于 21 世纪 20 年代中期之前实现驾驶员无须介入驾驶任务的高度自动驾驶技术（Level 4，即 L4），L4 自动驾驶技术可在限定的环境和条件下，由汽车系统自动完成所有的驾驶任务。截至 2018 年 7 月，Alphabet① 旗下的子公司 Waymo 所研发的自动驾驶汽车的道路测试里程已达 800 万英里②。在中国，百度处于自动驾驶领域的领先地位。

欧美各大汽车制造商也相继开始建立数字化平台，通用、福特、宝马和菲亚特有望在近几年量产自动驾驶功能的车型；戴姆勒有望于 21 世纪 20 年代中期之前实现自动驾驶汽车的量产。日本的汽车制造商也将自动驾驶列入发展计划之中，日产汽车（简称日产）和丰田预计分别于 2022 年前和 2026 年实现自动驾驶汽车的商业化。

自动驾驶看似只是简单地改变了移动出行方式，实际上也改变了人们对汽车所提供的价值的认知。迄今为止，人们对汽车价值的判断标准基本是看它是否拥有高性能和拥有巨大的品牌价值，

---

① Alphabet 是谷歌重组后成立的控股公司。

② 1 英里等于 1.609344 千米。

后者比如法拉利和劳斯莱斯。汽车不仅是移动出行工具，还具有其他方面的价值。在日常生活中，汽车是特别的存在，人们对汽车的执念和爱车之情是十分独特的，甚至会将喜欢的汽车称为"爱车"。

## 自动驾驶改变了汽车的价值

如表 1-1，在自动驾驶时代，汽车的价值将不断改变与提升，主要可总结为 3 个方面。

表 1-1  自动驾驶时代有望实现的价值（举例）

| ①汽车作为移动出行工具的变化 | ·安全性能提升，事故减少<br>·车辆的安全防护装备成本降低<br>·减轻环境负荷，节能<br>·将驾驶员从驾驶的疲惫中解放出来<br>·降低总成本（保养、维修、保险、安全） |
|---|---|
| ②汽车移动过程中时间和空间的价值 | ·选择最适合的移动出行方式<br>·增加移动过程中的"个人助理"功能<br>·增加移动过程中时间和移动空间的附加值（代替居住空间、工作空间和酒店等的功能） |
| ③汽车联结社会体系的价值 | ·构建"汽车+社会体系"的数字化平台<br>√控制最佳交通流量<br>√自动驾驶的共享功能将降低总成本，减轻环境负荷<br>√实现能源管理的最优化<br>√通过车载传感器进行远程监控，实现区域安全防护 |

自动驾驶技术不仅能在性能层面实现安全、舒适和节能驾驶，还可以利用自动驾驶时的时间和空间为用户创造出全新的服务。互联化和自动化功能的结合，可以通过信息和远程操控等方面的服务增加车辆的附加值。

L5 级 [①] 完全自动驾驶技术不需要人类驾驶员的介入，完全由车辆完成所有驾驶操作。这一技术一旦实现，在成本优势的背景下，自动驾驶技术将得到进一步的发展。自动驾驶技术的发展将促进移动出行服务的多样化发展，移动服务市场、物流服务市场和共享服务市场都将进一步扩大，将来的服务将朝着更为便利、实惠的方向发展。

汽车与社会体系联结，数字化平台将发挥控制交通流量的作用。机器人出租车服务使用无人驾驶车辆，不仅有助于进一步缩减总拥有成本，更能达到减轻环境负荷的效果。

将自动化和电动化功能相结合，将可以根据电力系统的需求设置电动汽车最合适的充电地点和充电时间。另外，将自动化和互联化功能相互结合，可以通过车载传感器实现远程监控，达到提升区域安全性的效果。

### 自动驾驶的两个构想案例

从上文中我们可以看出，自动驾驶技术会朝着以下两个方向发展。

一是从人为驱动的交通工具转变为自行驱动、为用户提供服务的交通工具，汽车的性能得到极大的提升。

这就是所谓的智能汽车（Self-Driving Car，SDC），这一技术的实现使得汽车成为更加安全、安心和舒适的移动出行工具。

二是利用无人驾驶技术，创造出更多的移动出行服务。

通过使用无人驾驶汽车（Driver Less Car，DLC）提供移动出

---

① L5 级系全自动化，完全不需要人为干预的自动驾驶技术。

行服务，实现自由出行。

一旦这一功能得以实现，汽车作为个人私有财产的价值将降低。随着城市化和人口老龄化的推进，社会对于移动出行服务的需求将不断提升，利用无人驾驶汽车的交通服务将很可能在这样的社会背景下出现。

但是，对于汽车制造商来说，要想不断提升汽车的价值，必须提升汽车作为个人拥有的私家车的附加值，这就要求汽车制造商必须采取积极的态度应对产品和商业模式的多样化发展。

## 共享化 / 服务化：拥有绝对顾客优势的服务提供商登上历史舞台

### 联结服务商和消费者的平台兴起

网络的发展使得电子商务、网络购物和网络游戏等精准匹配需求者和供应商的服务经济成为可能，在这个网络世界，阿里巴巴和亚马逊等网络平台服务商正在全力扩大规模。

被称为"长尾"①的多数小规模企业和小额交易在精准匹配服务进入市场之前就出现了，但由于交易规模与市场经济规模之间的不协调，难以形成体系。这些"长尾"随着数字化的发展，逐渐和主流产品一样，实现了可视化，互联网和物联网将小规模企业、小额交易领域与存在潜在需求的领域相结合，使得小众需求者得以与小规模供应商之间实现互联，平台化的发展将极大地提高市场的整体效率。

个人之间的交易也将实现互联。比如，以爱彼迎（Airbnb）为代表的民宿平台、进行各种商品交易的网络购物领域和电子商务市场等，联结需求者和供应商的平台在这些 P2P②和 C2C③领域也得到

①　这一概念最早由《连线》杂志主编克里斯·安德森（Chris Anderson）在 2004 年 10 月发表的《长尾》一文中提出，用来描述诸如亚马逊和网飞（Netflix）之类网站的商业和经济模式。克里斯认为，只要存储和流通的渠道足够大，需求不旺或销量不佳的产品共同占据的市场份额就可以和那些数量不多的热卖品所占据的市场份额相匹敌甚至更大。

②　P2P 的英文全称为 peer to peer，指个人对个人。

③　"C"指的是消费者（consumer），"2"与"to"英文发音相同，所以简写为 C2C，指个人与个人之间的电子商务。

了飞跃性的发展。

发生在 IT 行业的这些变化也同样发生在汽车行业。以往的移动出行服务是以出租车、公共汽车和电车等公共交通工具为核心的，人们可以根据自己出行的目的地和时间来选择交通工具。出租车和公交车无法预测乘客是否会来，也无法得知乘客何时会到来，只有乘客到来之后才能形成真正的契约关系。而对于乘客来说，在想要出行的时间里并不一定可以等到合适的交通工具，在过去这是很常见的事情。为了解决这种不合理和不方便的问题，一部分人选择购买汽车。一旦拥有了自己的汽车，就可以很方便地随时到任何地方。

众所周知，共享出行服务在日本之外的市场已得到大规模的普及。在美国、澳大利亚以及一部分欧洲国家普及较为广泛的优步（Uber）、中国的滴滴出行、印度的 OLA[①] 和东南亚地区的 Grab[②] 都各自占据了巨大的市场份额。汽车制造商也开始进军共享市场，积极为共享出行服务的提供商投资。

### 移动出行服务的多样化和高速发展

物联网技术实现了万物互联，在物联网技术的支持下，移动出行服务也朝着多样化和扩大化的方向发展，共享出行服务的扩大化发展正说明了这一点（图 1-2）。用户随时都可以通过智能手机呼叫汽车，而且不需要告诉司机目的地，也不需要在车内支付相关费用，就可以顺利到达目的地。在物联网技术的支持下，用户能够轻松获取公共汽车的路线和到达公交站的时间等信息，同时服务商也能够

---

① OLA 系印度的打车软件。

② Grab 系东南亚地区的打车租车服务供应商。

掌握用户的信息。那么，移动出行服务的高速发展将给汽车行业带来怎样的影响呢？

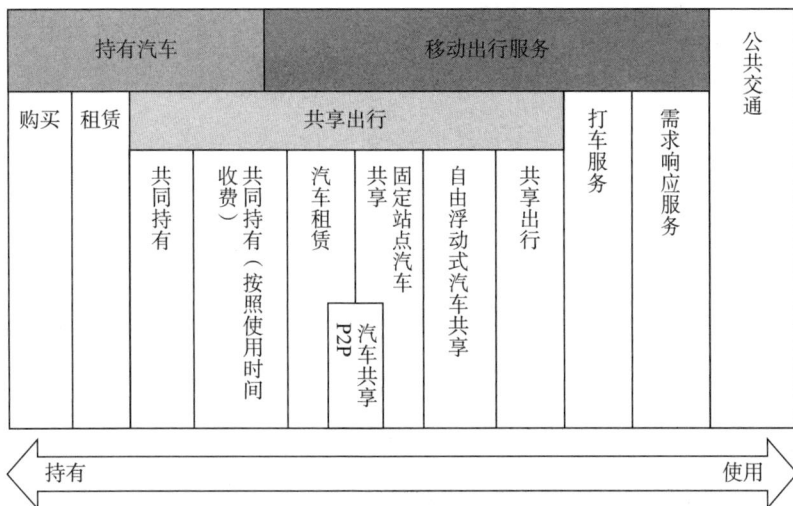

| 持有汽车 | | 移动出行服务 | | | | | | 公共交通 |
|---|---|---|---|---|---|---|---|---|
| 购买 | 租赁 | 共享出行 | | | | | 打车服务 | 需求响应服务 | |
| | | 共同持有 | 共同持有（按照使用时间收费） | 汽车租赁 | 固定站点汽车共享 / P2P汽车共享 | 自由浮动式汽车共享 | 共享出行 | | | |

持有 ←——————————————————————→ 使用

**图 1-2 多样化发展的出行服务**

在服务行业，物品是提供服务的重要构成要素之一，比如食物是餐厅的服务要素之一，零部件是汽车维修服务的构成要素之一。而在移动出行服务行业，比起汽车这一产品本身及其品牌性，服务的便利性和品质更为重要。在共享出行服务等服务平台领域，服务商虽然并未拥有销售网点等物质资产，但在用户基础和服务商基础上拥有绝对性优势，通过网络外部性不断扩大事业，提高了进入行业的壁垒。所谓网络外部性，是指服务商和消费者两者之间的相互促进作用，具体来说就是平台内服务商数量不断增加，可以让消费者获取更大的便利性，因此消费者数量就会不断增加；反之，平台内消费者数量不断增加，可以增加服务商的收益，因此服务商数量就会不断增加。由于移动出行服务行业的特性和竞争结构的差异，该行业的竞争方式与汽车行业一直以来的竞争方式相比，在力量平衡方面也许将发生巨大变化。

### 机器人服务的发展趋势

最后，我们来思考共享化／服务化的发展和互联化、自动化以及电动化之间的关系。以上各要素之间相互结合又会产生怎样的效果呢？

将服务化和互联化的功能相结合，我们就可以实时监测服务车辆的位置和具体状况，这表明互联化是提升服务品质必不可缺的要素，有助于使服务提供者和服务需求者之间相互匹配。将共享化／服务化和自动化的功能结合，也能给我们的生活带来巨大的影响，但是以上功能的实现需要一定的时间。随着数字化技术的发展，即便不是专业团队也能够提供移动出行服务，将来自动驾驶和共享服务都将由机器人来替代，自动驾驶的机器人出租车将普及。

机器人出租车和共享出行服务不同，机器人出租车将使用车队运营商或私人的汽车来进行无人派车服务。谷歌专门研究无人驾驶的子公司 Waymo 和优步目前都在进行无人驾驶打车服务的测试工作。

### 可满足多样化需求的服务即将诞生

如上所述，在这样的时代背景下，人们对汽车的认知逐渐由"拥有"转向"使用"。若是个人购买汽车，一般会购买多功能型汽车，因为需要将同一辆汽车用于各种不同的情境。但是移动出行服务的需求往往是单功能汽车，服务商要根据不同的使用场景给不同的汽车配备不同的功能。由于用途和使用场景的多样化，在移动服务较为普及的时代，服务商会将多样化的单功能汽车用于提供移动出行服务。

为了在硬件设备上满足服务的多样性发展，有必要进一步优化模块结构，实现拥有标准化接口的零部件和软件之间的相互组合，这样就可以形成具有多样化功能的结构，增加拥有模块结构特性的"电动化"功能将有助于提高整体效率。

服务用车行走距离一般较长，从能耗方面来说，电动汽车行走距离越长，能耗越低。从这个意义上来说，电动化的发展也将促进移动出行服务的发展。"CASE"通过功能的叠加，改变了移动服务（图1-3）。

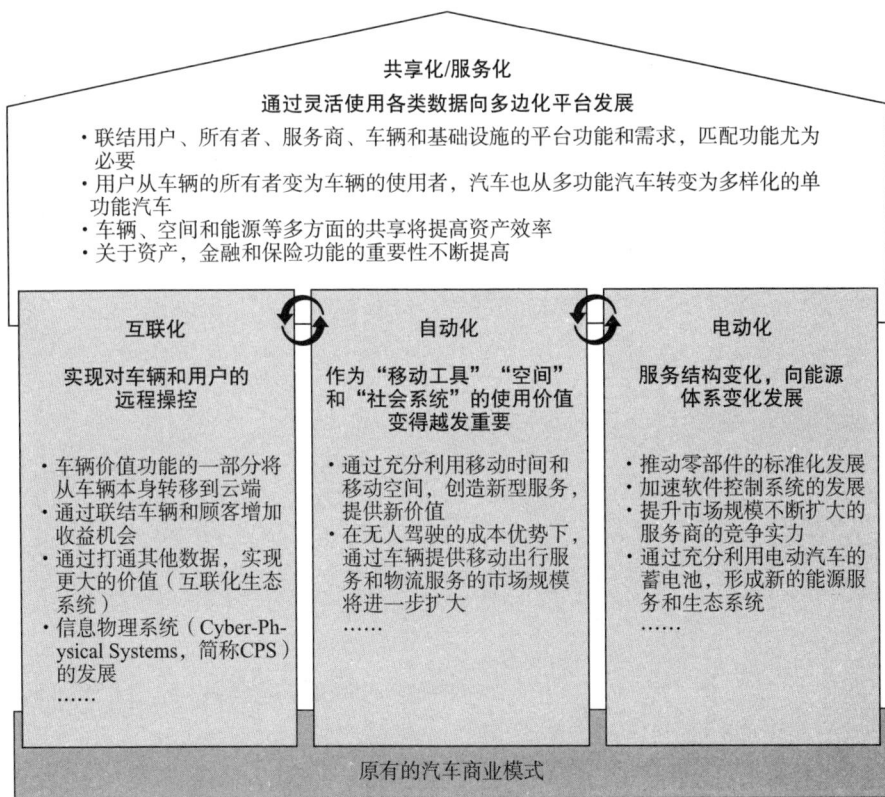

**共享化/服务化**

**通过灵活使用各类数据向多边化平台发展**

- 联结用户、所有者、服务商、车辆和基础设施的平台功能和需求，匹配功能尤为必要
- 用户从车辆的所有者变为车辆的使用者，汽车也从多功能汽车转变为多样化的单功能汽车
- 车辆、空间和能源等多方面的共享将提高资产效率
- 关于资产，金融和保险功能的重要性不断提高

**互联化**

**实现对车辆和用户的远程操控**

- 车辆价值功能的一部分将从车辆本身转移到云端
- 通过联结车辆和顾客增加收益机会
- 通过打通其他数据，实现更大的价值（互联化生态系统）
- 信息物理系统（Cyber-Physical Systems，简称CPS）的发展
……

**自动化**

**作为"移动工具""空间"和"社会系统"的使用价值变得越发重要**

- 通过充分利用移动时间和移动空间，创造新型服务，提供新价值
- 在无人驾驶的成本优势下，通过车辆提供移动出行服务和物流服务的市场规模将进一步扩大
……

**电动化**

**服务结构变化，向能源体系变化发展**

- 推动零部件的标准化发展
- 加速软件控制系统的发展
- 提升市场规模不断扩大的服务商的竞争实力
- 通过充分利用电动汽车的蓄电池，形成新的能源服务和生态系统
……

**原有的汽车商业模式**

图1-3 "CASE"通过功能叠加向"CASE X.0"转变

　　如上所述，汽车正在从传统意义上的交通工具向作为移动出行工具的交通工具转变，P2P汽车共享服务和P2P共享出行服务正在不断扩大市场规模。对于服务商来说，汽车不仅是提供驾驶服务的生活资料，同时还是通过为他人提供借贷和运输服务获取收益的生产资料。在这种情况下，针对汽车的金融和保险服务也需要相应地改变原有的形式。原本面向司机（既是车辆所有者也是用户）推出的金融和保险服务已无法满足多样化的需求，今后将金融和保险服务与实际使用场景相融合的需求将日益高涨。

　　对于移动出行服务商来说，可以利用数据化的平台，最大限度地挖掘顾客的价值，实现收益最大化。

## 🚗 电动化：电动汽车的快速普及及新变化

### 推动电动汽车普及的世界动向分析

近年来，不管在政治上还是在社会舆论上，都显示出了汽油车和柴油车向电动汽车转变的趋势。这一趋势发展的原因有以下两点，一是以欧美和印度为主的国家纷纷出台政策，加强对汽油车和柴油车的限制。印度制定了到 2030 年全面禁止售卖汽油车、柴油车，由自动汽车代替汽油车、柴油车的政策；法国出台了到 2040 年全面禁止销售汽油车和柴油汽车的政策，预计到 2025 年在巴黎市中心将全面禁止柴油车通行；英国也制定了到 2025 年预计将全部汽车和巴士换成零排放车辆的目标。二是汽车行驶距离越长，在能耗上，电动汽车就比汽油车和柴油车就越有优势。前文中已提到，利用汽车开展移动出行服务的服务商数量正在不断增加，在移动出行服务市场竞争中，能耗成本将成为关键要素，而电动汽车在能耗方面具有优势。在这一背景下，支撑电动汽车开展新服务的充电系统也在加速发展，比如提高电动汽车运行效率的快速充电系统和电池快速更换系统等。

同时，电动汽车的普及还将推动可再生能源的开发利用。太阳能、风能和地热能等可再生能源由于受气候影响较大，因此发电量并不稳定，难以维持电力系统的供需平衡。根据相关预测，到 2030 年，全球可再生能源占能源供应的比例将达到约 30%。2016 年日本可再生能源占比约为 5.6%，到 2030 年预计增长到 23%。要想提高可再生能源的使用比例，方法之一便是通过电动汽车的蓄电池维持电力系统的稳定。因此，电力行业也对电动汽车寄予厚望。

随着电动汽车的普及，消费者可选择的商品也将增多，这将进一步扩大市场需求。

## 以电动汽车为核心构建能源生态系统

电动汽车行业的发展还将推动互联化和自动驾驶技术的高速发展，甚至还将促进包括动力系统在内的汽车整体结构的变化，包括软件系统在内的汽车体系结构的变化，以及构成车辆能源系统各要素的发展。

其中，在电动汽车部件中占较大成本比重的电动汽车蓄电池的使用周期将成为重要课题。可采取的方式包括原材料革新、延长产品生命周期、提高稼动率、合理使用产品和回收再利用等。通过各项创新手段实现蓄电池在使用周期内的价值最大化。

在延长蓄电池使用周期方面，互联化和电动化将发挥巨大作用。可以通过远程监控电动汽车蓄电池的状态，并不断积累和发展相关技术，进而实现对充放电循环和电池温度的监控，最终发现电动汽车蓄电池的最佳用途。若能实现以上功能，将进一步提升电动汽车蓄电池在使用周期内的价值。

通过对电动汽车蓄电池的监控和分析，可以根据电池状态开发出电池的最佳用途，比如在电动汽车处于未使用状态时，可将蓄电池用于为电力系统输送电力（V2G，Vehicle to Grid）或为家庭供电系统供电（V2H，Vehicle to Home），详细操作将在第三章进行介绍。

综上所述，随着电动汽车的普及，将出现大量使用电动汽车蓄电池的新尝试，社会将构筑起全新的能源生态系统。

## 汽车结构的变化出现新的市场参与者

另一个值得关注的变化是汽车自身结构的变化，汽油车和柴油车是通过发动机驱动的，而电动汽车除了没有发动机之外，一般也很少配备离合器和变速箱等传动装置系统。因此，电动汽车模块化电力驱动控制平台将成为行业的发展趋势。若能通过模块化平台深度整合各模块零部件，就能有效提升整车的性能。另外汽车行业也正在通过改善材料及制造工艺实现汽车轻量化。

一旦汽车的结构发生变化，零部件也会相应发生变化。电脑也是如此，汽车的界面装置和部件也都朝着标准化的方向发展，制造商根据软件控制系统和组装方式的不同来实现差异化。结果，许多与汽车制造商不同的新兴市场参与者加入汽车行业。从整个生态系统来看，规模经济的重要性不断增强，能够实现标准化和模块化的市场参与者将在竞争中占据优势地位。

## 🚗 汽车行业的未来

### 多重范式转移

如前文所述，"CASE"趋势的加速发展促使汽车行业发生范式转移。汽车行业的范式转移主要体现在 4 个方面（图 1-4）。

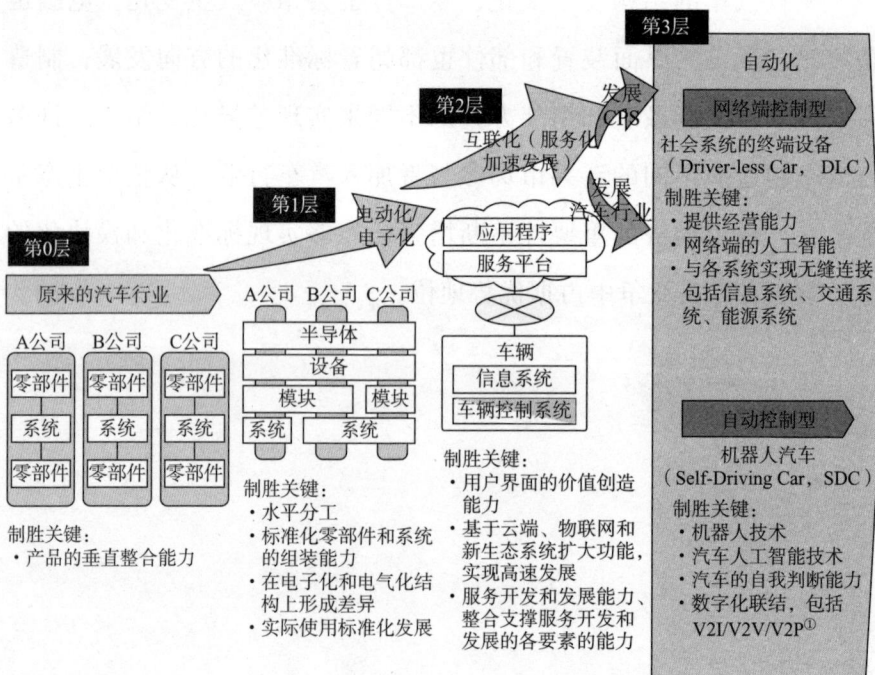

图 1-4 "CASE"趋势所带来的多重范式转移

① V2I 指车辆基础设施互联系统；V2V 指虚拟机到虚拟机的迁移；V2P 指车对行人通信，车辆与行人之间进行信息交换。

第 0 层：原来的汽车行业

在原来的汽车制造行业，如何将零部件和系统整合安装到整车上，并实现车辆的量产是关键。这个层面的制胜关键是产品的垂直整合能力，汽车制造商所积累的经验成了行业壁垒。

第 1 层：电动化 / 电子化

在全球电子技术的发展潮流中，汽车也在信息和行驶两个方面实现电动化和电子化发展。在实现电动化和电子化发展的过程中，会出现多家制造商共同搭载同一设备和同一系统的情况，即行业之间将出现水平分工，在某个领域占据绝对优势的企业将不断增多，结果能够优化车辆性能的优质部件和系统将得到普及。

在第 1 层中，虽然车辆的外观和过去并无差别，但是内在结构却发生了巨大的变化，汽车的内部结构将无限接近通过电力和软件驱动的电子科技产品的结构。

另外，在第 1 层中，不同市场参与者推动行业发展的关键因素也不尽相同，对于在各领域水平分工的市场参与者来说，实现实际使用标准化是关键，但是对于汽车制造商来说，如何重构汽车电子电气架构，使价格低廉且性能优异的标准产品能够灵活地被组装进自有品牌的车辆中才是制胜的关键。比起汽车的硬件系统，汽车电子电气零部件更新迭代的速度更快，因此，汽车制造商必须建立能够及时更新电子电气零部件的架构。

在这个层级中，汽车的性能主要依附于软件和设备的性能，市场将形成由某个市场参与者统一提供设备和系统的架构，决定车辆价值的因素将由原来的机械产品转变为软件和电子设备。

第 2 层：互联化（服务化加速发展）

在第 1 层电动化 / 电子化的基础上再加上互联化功能，汽车就变成了"网络产品"。云端将为车辆提供应用程序和服务平台等，使汽车行业进一步朝着 CPS 的方向发展。

在这个层级，云端可提供的信息和功能范围将不断扩大，同时将实现和车辆之外的物联网设备的联结，汽车的价值将从车辆本身转移到通过云端实现的各项功能和服务上，汽车行业的利益池将不断扩大，服务商的队伍也将不断壮大。

第 3 层：自动化

作为第 2 层的延伸，若实现车辆控制系统的互联，就能推动结合自动操作功能和远程操控功能的汽车自动驾驶功能的高速发展，达到这一层级，汽车的外观也将发生改变。

在第 3 层，用户界面的价值创造能力，以及以数据平台为核心的商业生态系统将成为成功的关键。汽车行业将形成全新的生态循环，服务将通过互联化功能实现高速发展，通过云端对服务过程中积累的数据进行分析，进一步创造出更高的顾客价值。

汽车自动化的发展方向将分为以下两个。

一个是基于互联化前提，实现由无人驾驶车辆组成的社会交通系统，完全通过网络端控制车辆。要发展到无人驾驶的世界，需要先实现网络端人工智能技术的高速发展，通过信息物理系统远程监控车辆状态和车内环境，并控制车辆的行驶路径和行驶方式。

另一个是由自动驾驶汽车组成的社会交通系统，在第 3 层，车辆将比现在更加智能化。要发展到自动驾驶的世界，除了网络端控制系统之外，车辆的人工智能，特别是反应系统和用户界面装置系统的高速发展将成为关键。在上述系统的支持下，车辆得以通过自我判断从网络端获取信息，并和司机及其他车辆实现互联，为司机和乘客提供驾驶支持服务。

## 未来汽车本身的价值将有可能下降

上述范式转移也将使车辆所具有的价值发生巨大变化，车辆价值的变化又将带动利润池的变化。

表面上，在"CASE"的趋势下能够创造出新价值的数字化服务项目不断增多，这将使服务行业的机会不断增加，进而促进车辆价值的提升和汽车市场规模的扩大。我们将迎来数字化生态系统。图 1-5 是利润池的变化方向概念图。

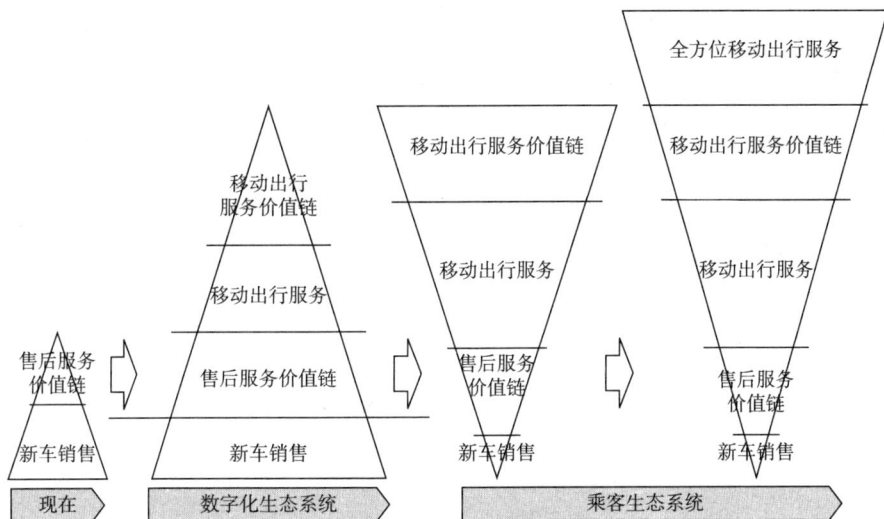

**图 1-5 利润池的变化方向概念图**

但是，随着服务化的进一步发展，汽车本身以及汽车的维修、保养对于乘客来说已经成为享受服务的一个重要组成部分，使用者并不会额外考虑服务商在购置汽车和维修、保养方面的成本。为了扩大服务收益，服务商面临着缩减成本的巨大压力。因此，今后车辆销售和维修、保养领域的利润池将不断缩小，汽车行业的利润池将逐渐往服务匹配和服务运营的价值链上转移。从实现用户价值最大化的角度来说，我们将会迎来乘客生态系统的时代。

随着服务化的进一步发展，服务行业的范围也在不断扩大，移动出行服务本身也许将成为全方位服务中的一个组成要素，车辆有可能成为生活必需品，移动出行服务也可能成为生活中的必需品。人们的移动出行将变得更加便利、高效。移动出行服务将逐渐交由某个全新的行业来提供，如序章中提到的通过提供移动出行服务来提升价值的免费接送服务行业，以达到缩减成本的目的。在"CASE"趋势不断改变服务结构的时代背景下，要如何为消费者提供全方位的服务呢？汽车市场参与者要在看清服务结构变化和利润池的前提下确定战略方向。

# 第二章

## 新商机

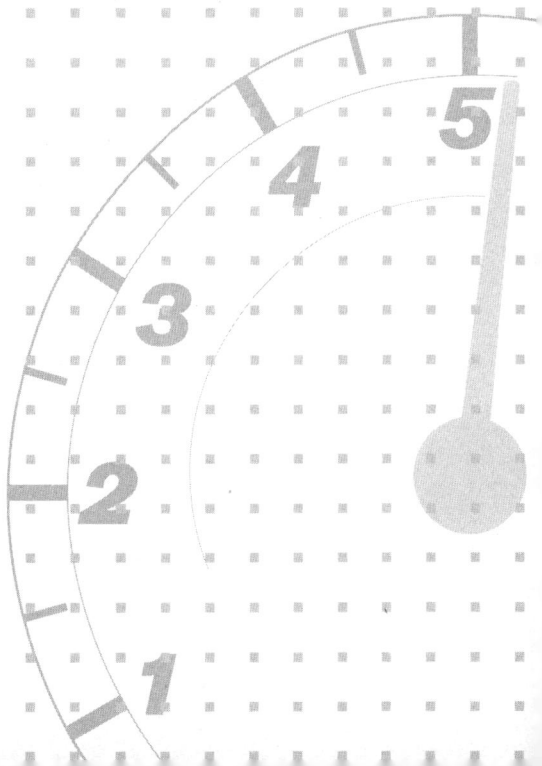

发生在汽车行业的四大变化趋势，即互联化、自动化、共享化 / 服务化、电动化将极大地改变目前的移动出行服务模式、关于这一点，相信读者朋友都已了解。"CASE"不仅会推动汽车行业的变革，还会给人们未来的移动生活带来巨大的变化。

那么，"CASE"趋势将给人的出行和物的移动带来怎样的变化呢？新兴移动商业包括哪些领域？另外，在"CASE"的影响下，资产管理方式又将发生怎样的变化呢？

本章将从人的出行、物的移动和能源的转移 3 个方面进行介绍，思考在"CASE"的影响下将出现怎样的新型移动商业模式。同时，也会论述通过移动出行服务实现收益最大化的资产管理，以及支撑移动经济的技术平台共同构成的新生态系统。

## 🚗 改变人们出行方式的服务——机器人出租车

### 自动驾驶技术的实现将如何改变人们的出行方式

自动驾驶技术一旦得以实现，人们的移动出行方式将发生怎样的变化呢？最初，原有移动出行服务和新型移动出行服务将在市场上共存，在数年甚至数十年后，当原有移动出行服务被新型移动出行服务替代时，我们的生活将发生巨大的变化。

最初可能被替代的移动出行服务将是出租车、租赁汽车和共享汽车。由于现有的出租车服务需要一定的人工成本，在价格方面处于弱势地位，因此，未来大部分出租车服务也许将被具备价格优势的自动驾驶移动工具，即机器人出租车取代。

同理，租赁汽车也将被自动驾驶租赁汽车取代。要想维持现有的租赁汽车服务，不仅需要在机场等急需租赁汽车服务的场所附近建造大型停车场，而且还要确保有大量的汽车可供使用。但是，如果替换成自动驾驶租赁汽车，不仅不需要建造停车场，也不需要支付租赁手续的人工费用，人们可以根据自己的时间安排预约位于市中心的自动驾驶汽车。

那么，自动驾驶技术将给我们的出行带来怎样的变化呢？比如，在出差地使用租赁汽车时，按照原来的方式，我们使用租赁汽车的过程是：乘坐租赁汽车从机场到达办事地点，将汽车停靠在办事处的停车场；晚上，从办事处乘坐租赁汽车前往住宿酒店，次日再乘坐租赁汽车前往办事处；待出差结束时，乘坐租赁汽车从办事处前往机场。但是，按照原有的使用方式，实际使用租赁汽车的时间极短，只有从机场前往办事处、从办事处前往酒店和从办事处前往机场的过程。若将租赁汽车替换成自动驾驶租赁汽车，那么可以充分利用汽车在办事处和酒店停车场停留的时间，使汽车的运转率实现最大化。用机器人出租车替代租赁汽车，机器人出租车只在特定的时间归预约客户专用，而在其他的时间可以发挥普通出租车的作用，这样能够达到灵活运转的效果。

除了租赁汽车，原有的汽车共享服务可根据使用时间支付费用，虽然与购买汽车的方式相比成本较低，具备一定的竞争优势，但是若要使用汽车必须前往共享汽车停车场。若将共享汽车替换成自动驾驶汽车，那么使用者就无须前往停车场，这样一来可极大地提高人们出行的便利性。共享汽车也许会与租赁汽车一样，被可根据使用时间提前预约的机器人出租车替代。也就是说，目前存在的许多移动出行服务将被集中替换成机器人出租车服务。

## 机器人出租车将给未来生活带来怎样的改变

将来，全新的自动驾驶移动出行服务将以机器人出租车为主。随着机器人出租车便利性的提升，在城市中，机器人出租车的增加将给我们的生活带来怎样的改变呢？让我们从下面 4 个场景中寻找答案吧。

### 创造全新的移动出行需求

在共享出行服务普及之际，纽约等城市的共享出行服务增加的市场份额超过了出租车行业减少的市场份额，其原因有以下两点：一是共享出行服务取代了一部分公共交通的功能；二是迄今为止，由于之前为避免酒后驾车而导致的聚餐机会减少，而在共享出行服务出现后聚餐机会不断增加，共享出行服务创造出了新的移动出行需求。

在日本三重县玉城町进行的需求响应型公共交通的实验数据表明，在将定时往返的巴士替换成可满足个性化出行需求的便利性移动出行服务之后，市民的出行欲望明显增强，各地区的交流往来也变得更为频繁。这是因为为城市居民提供便利的移动出行服务可以创造出地区移动出行新需求。自动驾驶移动出行服务可为有需求者提供与共享出行服务、需求响应型公共交通服务的便利性同等甚至更高的服务，也就是说，自动驾驶移动出行服务将使移动出行变得更加方便快捷，并创造出全新的出行需求。

### 从拥有到使用的转变

自动驾驶移动出行服务可为人们提供完全私人化的需求响应型移动出行服务。也许对一部分人来说，购买汽车的必要性将有所降低，特别是对于短距离出行的人来说，使用自动驾驶移动出行服务比拥有私人汽车更加经济实惠。

单从运行成本来看，相同的出行距离，私人汽车的出行成本更低，但是购买一辆汽车的初始成本就需要数百万日元，因此，也许一部分人在对比购买汽车和使用自动驾驶移动出行服务的费用之后，开始使用自动驾驶移动出行服务。如此一来，就开始出现从拥有到使用的转变。

### 车内服务市场的兴起

无人驾驶汽车在移动出行的过程中并不只提供移动出行的服务，也会为需求者提供自动驾驶汽车独有的服务，比如，机器人出租车通过利用特有的"从驾驶中解放"和"实现完全私人的空间"等功能为需求者提供以下服务：在移动过程中交流机密信息的"车内办公室"服务；在比夜行巴士更加私密的空间中移动的"夜行卧铺出租车"服务；在私人空间中享受美食和欣赏车窗外美景的"机器人出租车旅游"服务。

JR 九州（日本铁路集团九州旅客铁道株式会社）推出的七星号豪华卧铺列车，就可为乘客提供超出移动概念的附加服务，虽然现在也难预约，但可以明确的是，在移动出行过程中为乘客提供附加服务的时代即将到来。

### 拼车同乘服务加速发展

部分人为了降低出行成本也可接受拼车服务。根据日本内阁府关于公共交通的舆论调查可知，日本民众不使用出租车的最大原因是车费过高。如果乘坐费用降低，就可以增加人们使用出租车的频率，享受从家门口直接到达目的地的服务。机器人出租车在驾驶时无须人工成本，虽然无法将出租车每千米的单价降到与公共交通同等水平，但若能够实现拼车同乘服务，那么机器人出租车就拥有价格优势。

拼车之所以未得到普及，是因为乘客无法了解同乘者的情况，而且出行需求相互匹配的难度也较大。目前同乘市场的现状是，出租车的目的地和驾驶路线等信息只掌握在司机手中，并未实现统一管理，因此谁都无法知晓前往相同方向或目的地的车辆信息，经常发生两辆汽车前往相同方向的情况。而机器人出租车是根据需求进行配车服务的，即在中央管理系统中输入目的地信息，系统就会自动规划行驶路线，服务商可以实时掌握在市区中行驶的所有车辆的目的地和行驶路线。如此一来，拼车服务自然就成为乘客的选择，拼车服务由此得以快速普及。

## 日本有望在数年后实现机器人出租车服务

如上文所述，根据目前的发展趋势，将来自动驾驶移动服务内容可能将集中为机器人出租车的形式。日本在这方面的试验较少，可能会让人觉得在很远的未来才有实现的可能，但实际上，机器人出租车服务在不久的将来即可实现。

日本大型出租车公司日之丸交通出租车公司和 ZMP 无人驾驶技术公司已在东京街头进行了自动驾驶出租车的载客试验。本次试验在千代田区大手町和港区六本木各设置了单程 5.3 千米的测试路段，在 2018 年 8 月 27 日至 9 月 8 日约两周的时间里，测试车辆每天在同一路段往返 4 次。根据乘车人的描述，乘坐自动驾驶出租车的感觉与平时乘坐出租车一样，用户体验良好。

美国在自动驾驶技术开发方面处于世界领先水平，目前已在加利福尼亚州等 22 个州内符合条件的公路上进行了驾驶测试。丰田、日产和宝马等各国的汽车制造商，博世等汽车零部件供应商及在软件技术方面占据优势的 Waymo、优步等 IT 行业巨头和产业新星也围绕技术开发层面展开了激烈的竞争。

在公路进行驾驶测试的过程中，虽说是自动驾驶，但会有司机同乘，以便在遇到紧急情况时可以进行人为干预，"干预次数"是自动驾驶系统稳定性的参考数据之一，人为干预次数越低说明自动驾驶的精确度越高。根据加利福尼亚州公布的数据，2017 年，全球领先自动驾驶技术公司 Waymo 一共进行了 352544.6 英里的驾驶测试，在测试过程中，人为干预次数共有 63 次，也就是说每行驶约 5595 英里才需要驾驶员干预一次，平均每 1000 英里的干预次数仅为 0.17 次，遥遥领先于其他公司开发的自动驾驶汽车。Waymo 的自动驾驶技术不断趋于稳定，每 1000 英里的人为干预次数从 2015 年的 0.80 次减少到 2016 年的 0.20 次，又进一步优化到了现在的 0.17 次。这是因为自动驾驶测试里程增加可以让自动驾驶汽车的技术进入一个良性循环之中，即自动驾驶汽车在测试中会不断"学习"驾驶技术，随着"学习"的时间越来越长，自动驾驶技术的性能便得到提升，汽车更能安全地行驶。

新加坡和阿姆斯特丹等国家和城市也开始允许在公路上进行自动驾驶测试，Aptiv[1]、May Mobility[2]、Optimus Ride[3] 等公司也在加快自动驾驶技术的研发速度。

为了提高自动驾驶技术，除了在公路上进行自动驾驶测试之外，还有在模拟环境中通过软件技术让自动驾驶汽车自主学习的方式。日本初创公司 Ascent Robotics 将可能发生的各种情况加入模拟环境中，让汽车进行自动驾驶人工智能技术学习，以提高自动驾驶的技术水平。

各大汽车制造商和自动驾驶技术研发商通过公路实景测试与模拟环境虚拟测试不断提高人工智能技术的精准度，这是自动驾驶技术的核心。我们可以期待机器人出租车在不久的将来极大地改变我们的生活。

实际上，2016 年 Waymo 已在美国亚利桑那州的凤凰城推出试乘项目，部分提前申请的居民可坐在车中提前体验自动驾驶技术。2018 年 12 月，Waymo 面向凤凰城居民正式推出了有偿机器人出租

---

[1] Aptiv 的中文名称为安波福电气系统有限公司，主营业务是未来移动出行开发技术及解决方案。

[2] May Mobility 是美国一家自动驾驶技术研发商。

[3] Optimus Ride 是美国一家自动驾驶汽车技术创业公司。

车服务。

除 Waymo 之外，其他自动驾驶汽车制造商和技术研发商也计划在 21 世纪 20 年代前半期为人们提供机器人出租车服务。根据以上计划，自动驾驶出租车服务将在不久的将来推出。

## 机器人出租车服务将在人口众多的城市实现

那么，机器人出租车服务将在日本哪些地区实现商业化呢？比较理想的情况是普及到日本所有地区。由于日本人口老龄化程度不断加剧，老年人普遍面临着严峻的"出行难"问题，对机器人出租车的需求较大。

目前，日本各地方老年人在出行上面临的问题是：身体状况已无法驾驶汽车，公共巴士由于亏损而停止运营，而现有的出租车服务费用较高，因此，在日本很多地方，由地方自治体自行运营的一天数趟的社区公交成了老年人唯一的出行方式。

对于面临以上情况的地方自治体来说，机器人出租车是解决目前"出行难"问题的有效方式，但是从经济合理性的层面考虑，他们的期待根本无法实现，这是由自动驾驶汽车的收益结构造成的。在此先列举出租车行业的收益结构。目前的出租车行业主要将里程利用率作为衡量出租车供求的指标。所谓的里程利用率是指，在运营总里程中出租车作为有偿服务的实际载客里程所占的比例。自动驾驶移动出行服务也需要参考这一衡量指标，在里程利用率高的地区，自动驾驶移动出行服务可以确保盈利经营。而在里程利用率低的地区，由于无法确保盈利，这一服务无法正常维持。

在人口密度较大的城市等地区，里程利用率较高。在城市中，不仅车站里人头攒动，街上行驶的出租车数量也不少，上一位乘客下车之后，出租车可以很快为下一位乘客提供服务。但是在人口密度小的地方，出租车的运营方式由出租车公司、起始地和目的地构成三角形模式，而且只有在将乘客从起始地送到目的地的过程中才计费，若实际载客里程在运营总里程中占比较低，收益就较少。

由此来看，在人口密度小的地方实现机器人出租车服务的可能性较低。

### 机器人出租车的行驶成本与行驶距离成正比

从成本上来看，若收益低的同时成本也低的话，还有可能实现盈利。机器人出租车主要通过以下 3 个方面减少成本支出：

人工成本最小化；

通过无人化提升行驶效率；

通过无人化节省司机休息的时间。

从第一点来看，车辆成本占总成本的比例将不断增大，从第二点和第三点来看，自动驾驶出租车和现有出租车相比，每年的行驶总里程将增加。原有的耐用年限概念并不适用于机器人出租车，因此根据行驶里程而非耐用年限来更换机器人出租车是较为合理的。

在城市运营可以保证机器人出租车拥有较高的里程利用率，还可以将每个行驶里程的车辆成本控制在较低水平，行驶总里程的能耗费、维修费和保养费等成本也相对较低。相反，在人口密度较低的地方，汽车空车行驶的可能性增大，车辆成本和能耗费等成本也随之增加。

因此，从经济合理性的角度考虑，机器人出租车将会以城市为中心开始普及使用，在各地方政府未进行补贴或出台相关政策的情况下，机器人出租车在人口密度低的地方推广的可能性较低。

综上所述，日本移动出行市场将出现自动驾驶汽车和原有服务共存的局面，城市以机器人出租车为主，郊区和地方以有人驾驶共享出行服务和出租车为主。

对于移动出行服务供应商来说，实现机器人出租车收益最大化的关键在于：提高现有汽车资产的运营效率，切实提高里程利用率，使每段行驶距离的收益达到最大化；合理地进行维修、保养；从行驶距离的角度延长车辆的使用寿命。

### 改变货物移动方式的服务

#### 货物的移动方式——货车物流和区域内配送

随着物联网和电子商务的进一步发展，货物的移动运输需求出现了爆发式增长，在"CASE"的驱动下，货物原本的移动方式，即中枢、车辆的物流运输方式也随之发生变化，利用自动驾驶技术进行的少量、区域内的直接物流运输方式即将登上历史舞台。

首先，中枢与车辆相结合的方式是日本现有的物流服务方式。在日本，提起物流服务，人们脑海中首先浮现的应该是黑猫大和运输和佐川快递等这样运输量大、价格低的物流服务公司。另外，日本还有 Uber Eats[①] 等区域内外卖配送和超市跑腿代购等服务。除日本之外，其他国家也有许多类似的配送服务，比如印度尼西亚的GO-JEK，不仅提供物品和食物的配送服务，还提供代送洗衣和上门美甲服务。特定区域内的配送服务也呈现出利用自动驾驶技术进行无人化配送的趋势。

#### 原有的货车物流服务面临的问题

日本货车物流服务目前面临着司机人手不足和积载率低等问题。首先是货车司机人手不足的问题，日本就业市场整体（包括临时工）

① Uber Eats 系优步的外卖服务应用程序。

的有效求人倍率 ① 为 1.38 倍,而货车司机（包括临时工）的有效求人倍率高达 2.68 倍，由此可见日本运输业、邮政业的劳动力不足问题十分严峻。造成以上问题的原因在于，货车司机与其他行业相比工资更低、劳动时间更长、工作环境更为恶劣。大型货车司机平均年收入与其他行业相比低 10% 左右，中小型货车司机的平均年收入比其他行业低 20% 左右。而大型货车司机的年均工作时间是其他行业的 1.22 倍，中小型货车司机的年均工作时间是其他行业的 1.16 倍。以队列运输为基础的自动驾驶技术可以改善运输业低工资、高劳动强度的工作性质，通过一人操控多辆汽车的方式在中转点进行工作交接，这不仅可以减少货车司机的劳动时间，防止高强度工作，同时还可以将削减的劳动力成本用于增加货车司机的时薪，如此一来，货车运输行业就可以摆脱低工资、高劳动强度的现状。自动驾驶技术不仅可以减少人工成本，还可以通过改善劳动环境解决司机人手不足的问题。

　　另外，根据日本国土交通省的统计数据，日本货车平均积载率仅为 41% 左右，也就是说，实际上货车一半以上的有效容积未得到有效利用，货车整体的容积利用率较低。造成货车积载率低的原因有很多，比如企业之间的定点合作，受配送计划表的制约，冷冻冷藏等物流手段和货物特性的限制 ② 等。另外，定期进行货物汇集和配送也是造成货车积载率较低的原因之一，不管货物多少，都根据预定的时间和路线进行货物配送。从司机的立场来看，定期配送可以保证工作的稳定性，但是这种方式无法使货车的容积得到有效利用。

---

① 求人倍率指劳动力市场需求人数与求职人数之比。——译者注
② 化学品和蔬菜由于气味问题无法混合运输。

如果将定期配送方式改为根据需求配送的方式，可以最大限度地提高货车的积载率。但是，这种配送方式需要保证司机随时待命，因此雇佣成本会变高，运输公司也会相应地提高配送费。结果，让司机随时待命的运输方式提高了人力成本，也降低了提高积载率的意义。

那么，若把以上配送方式改成自动驾驶配送，将会有怎样的结果呢？自动驾驶物流可以保证每日根据特定路线来回配送货物，不会增加突发需求的成本支出，因此不会增加物流运输成本。通过在系统中输入各配送点的情况，可以灵活且合理地给货车分配运输任务，这样的方式不仅可以合理控制成本，也能使货车的容积得到最大限度的利用。按照以上想法，自动驾驶运输可能是提高货车积载率的有效手段之一。

在人的移动出行服务领域，已经有像优步这样占据较大市场份额的服务供应商登上历史舞台，但是在物流服务方面，还未出现具有压倒性优势的服务供应商。通过利用"CASE"的相关技术，不仅可以减少物流服务的人力成本，还可以突破物流行业目前在混合运输和积载率等方面的瓶颈，更为重要的是目前致力于解决物流领域的问题的服务供应商与出行问题相比少之又少。

## 逐渐扩大的区域内配送服务

日本很早就有外卖配送服务，优步通过优化日本传统的外卖配送服务推出了 Uber Eats 叫餐服务，并在日本部分地区开始流行。日本之外的其他国家除了料理之外，也有货物配送服务，比如印度尼西亚 GO-JEK 应用软件可提供摩托车打车服务、快递服务以及购物服务。

GO-SEND

一般情况下通过摩托车进行配送，提供从指定场所到目的地的货物配送服务，限制配送长 70 厘米、宽 50 厘米、高 50 厘米、重 20 千克以内的货物。若货物遗失最高可得到约 9 万日元的赔偿，易损坏的玻璃制品和鲜花不适用于以上赔偿方式。

GO-FOOD

外卖配送到家服务，提供在指定餐厅或食堂购买指定食物并配送到顾客的家的服务。

GO-MED

代购买药品服务，到指定药店购买指定药品后配送到顾客的家。以上这些区域内的物流服务今后可能将被替换成由自动驾驶机器人来进行的配送服务。实际上，已经出现了用机器人来替代区域内物流配送服务的趋势，比如美国的 Kiwi 已和食品配送服务商 DoorDash 合作进行配送实验，西班牙快递机器人初创企业 Eliport 也和主营网上商城业务的 Ulabox 公司合作进行样车生产。

除了专用的自动驾驶小型配送机器人之外，充分利用自动驾驶移动工具的空间的服务形态也初现苗头。一般情况下，除了摩托车物流等主打快速送达的物流服务之外，配送一个货物每单位距离的单价比运送一名旅客要低。如上所述，提升自动驾驶机器人出租车每单位距离的收益是很重要的，因此由自动驾驶配送机器人单独配送一个货物的可能性较低，充分利用机器人出租车空间的同时运送货物和乘客，这种服务形式实现的可能性更高。这项服务的实现也需要通过数据对机器人出租车的状态进行统一管理，实现供需匹配。

### 🚗 移动出行的能源服务

#### 移动 3.0 时代 "电能驱动" 的能源基础设施

根据市场调查机构的预测，到 2030 年，包含 PHEV（plug-in hybrid electric vehicle，插电式混合动力汽车）在内的电动汽车新车销量将达到 3000 万辆左右，2017 年全球汽车产量约为 9700 万辆，预计到 2030 年，电动汽车新车销量将占全球汽车销售总量的 30% 左右。

与汽油车相比，电动汽车的最大优势便是降低总拥有成本。总拥有成本指的是从产品采购到后期使用、维护的所有成本之和，即包括汽车的购买费用、能耗费（电动汽车的充电费）、零部件维修保养费、车辆购置税和汽车保险等在内的总成本。各国新能源汽车产业政策各有不同，如果国家出台电动汽车相关补助政策，也可将补助金纳入总拥有成本。

目前，购买电动汽车的费用较高，但是电动汽车的能耗成本比汽油车低，因此，对于有远距离行驶需求和续航里程要求的消费者来说，电动汽车的总拥有成本相对较低。

早在混合动力汽车进入市场时，汽车制造商就曾提出，由于混合动力汽车的能耗较低，可以减轻用户的能耗负担，因此可以增加用户的出行频率。增加出行频率产生的能耗费用与总拥有成本相比微不足道，但可以产生更多的经济效益。

而电动汽车的续航里程只有不到高燃油费的汽油车和混合动力汽车的一半，电动汽车电池的性能仍有待进一步提升，而且为电动汽车补充电源的充电设备数量并不充足，因此，电动汽车的便利性远不如汽油车。从日常出行的角度来看，汽油车有一定的优势。

在这样的背景下，我们需要赋予电动汽车作为能源设备使用的新功能，这个功能便是，在不使用车辆时将电动汽车的电池用于提供电气服务，将来有望实现电动汽车行驶零能耗的划时代突破。

通过充分利用电动汽车作为能源设备的功能，将给能源基础设施建设带来怎样的影响呢？

## 充电服务的现状

如上所述，电动汽车与汽油车相比的优势在于能够降低汽车驱动能耗费用，但是按照现有的快速充电技术，充80%的电需要耗费半个小时以上的时间，加之电动汽车数量较少，充电设备也相对较少，今后为了进一步推动电动汽车的普及，必须加强为汽车补充电能的充电基础设施体系的建设。

为了推进电动汽车的普及，政府、地方自治体和制造商纷纷拨出补贴资金，以支持充电基础设施的建设和运营以及电动汽车具体使用等环节。政策取得了一定的效果，日本国内的投币式停车场、购物中心和汽车营销中心的停车场均开始配备充电桩。2017年底，日本国内纯电动汽车和插电式混合动力汽车共计20万台，配套建设的充电桩数量超过3万个。虽然这个数量与电动汽车保有量第一大国的中国相比仍然较少，但与其他发达国家相比还是具有一定优势的。

但是，日本的充电桩大多配置在东京和大阪等大城市，只在城市活动的话，不会给日常生活带来不便，但行驶里程变长或需要到远一点的地方的话，就只有普通的充电器或只有少量的充电点可供使用。特别是快速充电桩，与东京和神奈川等地相比，北海道和东北地区虽然面积广，但充电桩数量少，两者之间充电桩铺设密度差达 10 倍以上。

目前，针对电动汽车的充电服务，除了有以日产、三菱汽车公司（简称三菱）和特斯拉为主推出的每月数千日元的定额制和从量收费制服务之外，其他各种服务也开始出现。但现在电动汽车的充电服务市场的经济规模还无法保障其可持续发展。

### 提高输出功率有助于提升充电设备的便利性

除了增加充电服务之外，还必须提高充电设备的性能，即提高充电设备的输出功率。当前，在日本普及的快速充电标准为日本电动汽车协会推出的 CHAdeMO[①] 标准，大部分充电设备的最大输出功率都可达 50 千瓦。2017 年发售的日产新版 Leaf 的电池容量为 40 千瓦时，假设要使用 50 千瓦的快速充电设备为该车充电，那么从汽车发出低电量提醒信号到充 80% 的电量需要约 40 分钟。

特斯拉所使用的快速充电设备是 Supercharger 充电桩，最大输出功率可达 120 千瓦，电池容量为 90 千瓦时的特斯拉电动汽车仅需 30 分钟就可以充 80% 的电。也许是为了应对 Supercharger 的竞争压力，日本电动汽车协会也于 2017 年推出了最大输出功率为 150 千瓦的 CHAdeMO 充电设备，努力缩短充电时间。

各汽车制造商之所以发力提高充电设备的输出功率，是因为

---

① CHAdeMO 是日本电动汽车快速充电器协会作为标准倡导的快速充电器商标名称。

电动汽车的锂离子电池的容量正在不断扩大，可以预测到的是今后充电设备的输出功率将得到进一步的提升。美国的充电设备运营商ChargePoint 和 EVgo 宣称开始提供最大功率为 350 千瓦的充电服务。各汽车制造商也紧跟提升功率的步伐，保时捷公司表明，为了迎接即将发售的第一款电动汽车，将建造首批具备最高 350 千瓦的充电速率的快速充电站。

## 将改善人们日常生活的最新充电服务

### 智能充电系统

一旦电动汽车普及到普通家庭，也许会给人们在傍晚到夜间的用电需求带来巨大的变化。比如，回家之后有极速充电需求的用户将逐渐增多，傍晚到夜间的用电需求也会相应增大。其实，以上问题在电动汽车技术较为发达的美国加利福尼亚州也未得到有效解决。

人类正在加快利用太阳能等可再生能源的步伐，一旦可再生能源得到普及，白天依靠太阳能发电可以补充一部分的电量，因此日间的实际用电需求减少，但是在 17 点之后，用电需求将急剧增加，迎来用电高峰期，这种电量需求趋势被称为"鸭子曲线"。美国加利福尼亚州面临着"鸭子曲线"式电量需求和电动汽车充电的双重难题。

为了应对以上问题，电力公司和汽车制造商开始面向电动汽车用户推出错开充电时间的智能充电技术试验。试验通过鼓励用户灵活使用能源系统，避开用电高峰期，在合适的时间为他们的电动汽车充电。并且根据贡献度，用户可获得相应奖励。

同时，还可以将电动汽车的电池用于提供服务。电动汽车的电池除了能够充电，在未行驶的情况下还可以把储存的电量销售给电网系统，作为分布式能源向电网提供反向输电服务，这一服务被称为 V2G 服务。

根据相关统计，私家车的稼动率不到 10%，若将剩余的约 90% 的电量提供给电网系统，每年可免费使用数万日元的电动汽车充电费，详细的服务内容将在下一章进行说明。这一服务出现的背景是，随着可再生能源的开发利用，火力发电厂的数量不断减少，电网系统的发电量越发不稳定。目前，服务商正在研发相关技术，对车辆这样拥有小型电源的虚拟发电所进行统一管理，并推动 V2G 服务的落地执行。

今后，汽车蓄电池还将成为家庭和办公大厦的电源，将来，通过对太阳能发电装置等进行统一管理以大幅降低电费的服务将逐渐普及。

### 自动充电系统

提高功率的同时充电电缆的重量也会变重，比如，最大功率为 200 千瓦的充电电缆（含充电枪）总重量约为 10 千克。在功率提高的同时，重量也相应增加，因此高功率的充电桩对于女性和老年人等群体来说，在重量方面容易影响充电体验。

近年来，公共充电站不断增加，虽然行业制定了收费系统来确保盈利，但是在有些地方，充电桩利用率低下的问题也引起了广泛的关注。

影响充电桩使用效率的原因主要有以下两点。一是电动汽车的充电电缆一直插在汽车中，电动汽车的快速充电时间大约为 30 分钟，但是很多时候即便充电完成，电缆也未及时归位。二是汽油车停在配备充电桩的停车场，美国将这一现象称为 "ICEed"（内燃机车停放）。

针对以上问题，投资公司和汽车制造商已致力于研发机械手臂自主充电服务。其中，在电动汽车领域取得极速发展的德国大众汽车公司在国际车展上推出了自主研发的电动汽车充电机器人"CarLa"，充电服务变得越来越先进。

### 无接触充电系统和行驶充电系统

另一项先进的充电服务是无接触充电系统，停车之后无须手动充电，只需将汽车停放在指定位置上就可以实现自动充电，这项技术是通过非接触型充电装置进行充电的。磁共振充电方式便是无接触充电的一种方式，在车底安装无线充电的接收装置，并将其与蓄电池等设备联结，由安装在车底的接收装置传输电源充电。

非接触充电系统与上述的自动充电服务一致，用户无须手动充电，因此即便是女性和老人也可以使用，也不会有忘记充电的情况。从技术层面来看，非接触充电系统已经进入实际运用阶段，日产、宝马和戴姆勒相继发布了非接触充电服务。

但是，无接触充电系统也存在两个问题。一个问题是汽车停放位置的偏差，一旦汽车停放的位置与指定位置存在偏差，电源发射装置和接收装置也会发生偏差，这样会导致用电浪费。为了解决这个问题，必须尽快推动落实自动泊车和停车辅助技术等与非接触充电系统高度匹配的驾驶援助技术。另一个问题是功率较低，目前已进入实际应用阶段的大部分非接触充电设备的最大功率不足 10 千瓦，由于充电功率较低，将蓄电池充满需要耗费数小时的时间，因此按照设想，非接触充电设备应该配置在停车时间较长的家中或者公司的停车场等特定场所。

### 行驶充电系统

以上内容介绍的均是停车充电系统，最后介绍一下不停车就可实现充电的充电系统，即行驶充电系统。电动汽车的主要缺点之一是续航里程较短，根据日产的官方产品页面介绍，日产 Leaf 最大续航里程为 400 千米，虽然里程与正常燃料消费率的汽油车相当，但是考虑到偏远地区未配备充电装置，就必须转变电动汽车在偏远地方上的充电方式，因此，行驶充电系统应运而生。

行驶充电系统通过在特定道路或辅路上铺设地面端电源发射装置，为行驶在该路段上的电动汽车的电池充电。这种充电方式既不浪费时间，又可延长实际续航里程。

美国高通公司已研究出了电动汽车速度在 100 千米每小时条件下的无线充电技术，意大利和瑞典等欧洲各国也正在进行行驶充电系统的测试。但是，要想运行行驶充电系统，必须加强道路基础设施建设，这是一笔很大的投资，因此只能在充电功率上限制整体的费用支出。可以设想的是，在推动行驶充电系统落实的过程中，可能会和电池性能优化的目标互相矛盾。

## 🚗　移动资产管理的新浪潮

### 为实现收益最大化而进行的 4 项资产管理

前一节已提到，有关分析提出随着"CASE X.0 时代"的到来，汽车将从个人乘坐的生活资料加速向产生收益的生产资料方向转变，通过利用汽车系统收集到的数据，也许可进一步实现收益的提升。众所周知，汽车的性能会随着使用年限的增加而降低，资产价值也将连年下降，但是到了"CASE X.0 时代"，汽车将成为基于数据为人们提供服务的生产资料，从理论上来说，只要汽车能够提供同等服务以保持期待收益不变，就等同于汽车维持原价值不变。因此，为人们提供全方位移动出行服务的个人和法人都期待通过高效的资产管理实现收益最大化。

比如，对于想要利用空闲时间通过提供服务赚取收入的企业（或个人）来说，可以通过将汽车租借出去的方式获得收益。为了实现这项服务，除了必须掌握汽车所有人、车辆和用户的具体信息之外，还必须掌握汽车的具体情况。另外，需根据汽车的具体情况匹配最合适的移动出行服务，在恰当的时间和地点为有移动出行需求的用户配车，并根据基础设施的情况灵活地提供移动出行服务，实现这项服务需要做到各项信息的高度匹配。

但是，并非所有的移动出行服务从业者都具备自主开发和更新以上程序的能力和资源，因此，在这些有意愿提供移动出行服务的从业者中便产生了需求，希望有一项服务能够帮助他们进行资产管理以提升汽车的收益。移动出行服务提供者可开展的事业形式主要有共享出行（ride sharing）、汽车共享（car sharing）、配送服务（delivery service）、能源服务（energie service）和公司业务用车（company car）等。如图 2-1 所示，实现移动出行服务收益最大化的资产管理方式大致可分为车队管理型、长期收费型、短期收费型和运用型 4 种服务模式。

| | 车辆所有者 | 车辆使用者 | 主要移动出行服务方式 | 资产管理服务 |
|---|---|---|---|---|
| 车队管理型 | 个人 | 用户 | ·出租车（包括机器人出租车）<br>·租赁汽车<br>·物流<br>·公司业务用车 | ·为车辆的供给方（销售方）提供服务（车辆数据、行驶数据、需求数据等），帮助他们实现收益最大化<br>·为实现收益最大化，确定最恰当的使用方式、行驶方式和维修保养方式 |
| 长期收费型 | 公司 | 用户 | ·出租车（包括机器人出租车）<br>·租赁汽车<br>·物流<br>·公司业务用车 | ·较长的租期内，和车队管理方式一致，通过为承租方提供系列服务，帮助其利用车辆实现收益最大化 |
| 短期收费型 | 公司 | 多样 | ·共享出行<br>·汽车共享<br>·配送服务<br>·能源服务 | ·实现公司收益最大化的资产管理（归公司所有的汽车） |
| 运用型 | 个人 | 多样 | ·共享出行<br>·汽车共享<br>·配送服务<br>·能源服务 | ·对客户寄存的车辆进行有效匹配，将收益返还客户 |

图 2-1 移动资产管理类型

### 车队管理型

按照车队管理型服务模式，车辆仍归个人所有，资产管理公司通过为用户的移动出行服务提供援助，实现个人移动资产的收益最大化。这种服务模式是原有的面向大宗客户提供服务的延伸，为车辆的供应方（销售方）提供服务，助力实现收益最大化。所提供的服务包括车辆数据、行驶数据、需求数据等有助于提升服务效率的信息和建议等。基于以上数据，甚至可以实现信息与用户需求的智能化匹配，使个人实现对车辆使用方式、驾驶方式的精细化管理，最终实现收益最大化。

另外，前文提到的"能源服务"也属于车队管理型资产管理模式之一。比如向商业大楼供电的服务（Vehicle to Building，V2B），通过充放电双向流动方式实现电力成本最小化和运转效率最大化，另外还有车辆向电网供电的服务（V2G）等，从能源经济方面实现收益最大化。移动出行服务从业者需要支付车队管理服务的费用，但前提是必须确保他们的收益高于车队管理服务费用。

长期收费型

车辆为提供资产管理服务的运营商所有，仅向固定客户提供用于移动出行服务的移动资产，并助力实现移动资产收益的最大化，相当于"汽车即服务"（Car as a Service，CaaS）或者说"车辆即服务"（Vehicle as a Service，VaaS）。通过租赁的方式将车辆租借给移动出行服务从业者，并制定每月定额制、从量收费制和两者相结合的收费体系，在租期内移动出行服务从业者需要为实现收益最大化而享受到的一系列服务支付费用。

与车队管理型模式类似，这些服务包括车辆数据、行驶数据、需求数据等便于提供服务的有效信息和建议，通过对车辆使用方式、行驶方式和维修保养方式进行最恰当的管理，实现收益最大化。

短期收费型

车辆为服务公司所有，将移动资产租借给非特定的移动出行服务从业者和需求者，通过实现客户资产的最佳组合来实现公司收益最大化。将公司所有的车辆租借给当下收益最大的服务供应商，并提供有助于提升移动出行服务效率的服务信息。

通过为共享出行汽车共享、配送服务、能源服务、公司业务用车等领域的承租方提供基于车辆信息、行驶数据和需求数据的匹配信息，帮助承租方提高收益。在租金固定的情况下，可以通过提高定价来提高收益；在收取手续费的情况下，可以根据承租方的收益情况增加手续费收入。

另外，车辆所有者可以通过灵活配置车辆，通过租借给移动出行服务从业者、公司自行提供服务和公司内部使用的有效结合，达到收益最大化。这一服务模式需要算法和操作平台的支持，根据各个节点计算各项服务的收益情况，最终判断出最合适的使用方式。

运用型

受客户个人的委托进行移动资产管理运营，助力实现使用方式的最优化和收益最大化。通过代为管理客户的车辆，实现使用方式的最优化，并将最终的收益返还给客户。这类似于金融资产领域的投资顾问服务模式，可细分为工作日、周末特定时间和出差等多种代管运营的情况。

车辆使用方式也有多种，在各个时间点选择最合适的使用方式。从这一点来看，运用型资产管理方式与实现公司收益最大化的短期付费型模式类似。

通过将运营车辆所获得的收益返还给客户，返还的方式大致可分为定额制和收益还礼型两种。定额制是在一定的期间内，客户仅收取一定的手续费，定额手续费和汽车收益之间的差额即为公司收益。虽然需要承担一部分运营风险，但是若能提高汽车收益，就能增加公司的收入。收益还礼型指的是除了收取一定数额的手续费之外，顾客还将得到一定比例的运营收益，运营风险基本上由资产所有者（车主）承担，运营收益共享。

### 移动出行领域的资产管理与不动产同步扩大发展规模

对于资产管理公司而言，车辆属于公司的移动资产，用于为客户提供服务，有效的资产管理方式有助于提高公司资金调度的灵活性，确保公司移动资产的保有量，最终达到盈利的目的。资产管理公司的收益主要来源于以下几个方面。

通过有效的资产管理可以实现车辆的合理化使用和经济收益的最大化，降低移动资产的运营风险。租赁债权（包括资产的安全和作为生产资料的资本收益权）因此得以保障，租赁债权证券化加强了资金调度的灵活性，虽然在市场利率较低的情况下无法获得较大收益，但当市场上调利率以抑制负债规模扩张时，就有利于提高公司的收益。社会对移动资产的普遍认识是，移动资产即收益资产，期待移动资产可以产生高收益，因此汽车租赁业务也成为信托投资公司和移动出行服务从业者资金调度的方式。

有效的资产管理还有望达到提升车辆资产的转卖价值（残值收益）的效果。通过专业的维修和保养，可提升车辆作为移动资产的市场价格，获得更高的收益。若可以为客户提供持续性的服务，确保收益，也许能以更有利的条件出售或租赁汽车。

另外，还有望减轻经营业务负担，以租赁形式开展的移动出行服务和资产管理方式，有助于简化运营流程。服务行业的运营中涉及多方利害关系，资产和交易的可追溯性十分重要。比如，利用区块链技术可以实现数据的"民主化"和"自律分散化"，通过减少管理的复杂性和系统性的投资，最终达到减轻运营负担的目的。另外，移动资产管理的过程中收集到的信息和数据将被提供给个人或者企业法人，帮助他们开展事业管理。对于个人客户来说，由个人完成报表资料和税务申报的难度较大，通过为个人提供有助于简化报表资料和税务申报的信息和流程，也可实现收益。

从以上几个方面可以看出，移动资产从收益资产层面来看，有与不动产类似的地方，为了明确未来移动资产管理的发展方向，在此将移动资产和不动产进行比较说明（图2-2）。

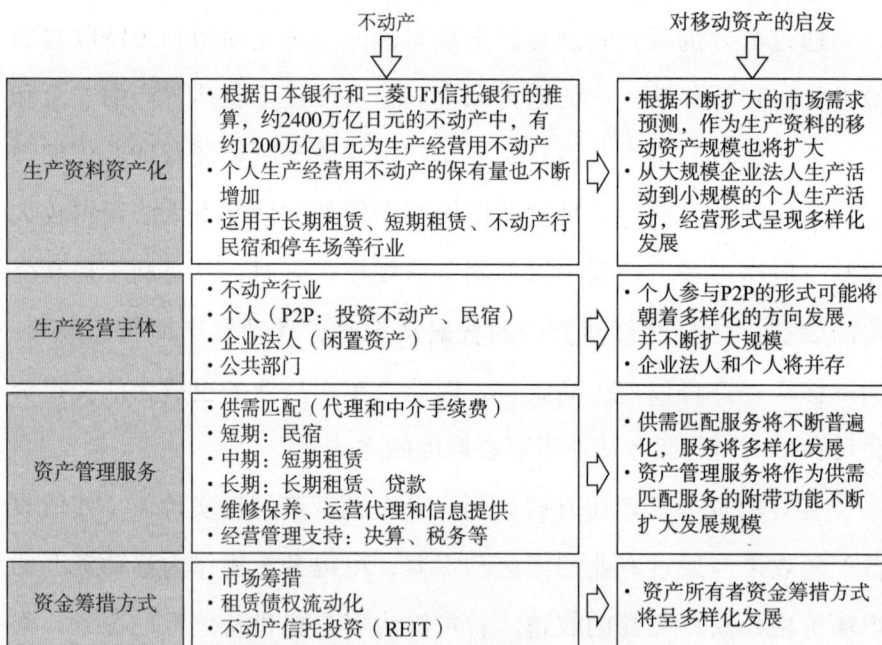

|  | 不动产 | 对移动资产的启发 |
|---|---|---|
| 生产资料资产化 | ·根据日本银行和三菱UFJ信托银行的推算，约2400万亿日元的不动产中，有约1200万亿日元为生产经营用不动产<br>·个人生产经营用不动产的保有量也不断增加<br>·运用于长期租赁、短期租赁、不动产行业民宿和停车场等行业 | ·根据不断扩大的市场需求预测，作为生产资料的移动资产规模也将扩大<br>·从大规模企业法人生产活动到小规模的个人生产活动，经营形式呈现多样化发展 |
| 生产经营主体 | ·不动产行业<br>·个人（P2P：投资不动产、民宿）<br>·企业法人（闲置资产）<br>·公共部门 | ·个人参与P2P的形式可能将朝着多样化的方向发展，并不断扩大规模<br>·企业法人和个人将并存 |
| 资产管理服务 | ·供需匹配（代理和中介手续费）<br>·短期：民宿<br>·中期：短期租赁<br>·长期：长期租赁、贷款<br>·维修保养、运营代理和信息提供<br>·经营管理支持：决算、税务等 | ·供需匹配服务将不断普遍化，服务将多样化发展<br>·资产管理服务将作为供需匹配服务的附带功能不断扩大发展规模 |
| 资金筹措方式 | ·市场筹措<br>·租赁债权流动化<br>·不动产信托投资（REIT） | ·资产所有者资金筹措方式将呈多样化发展 |

图2-2　不动产和移动资产的对比说明

在不动产领域，住宅租赁市场占据较大份额。根据2013年日本总务省统计局发布的《住宅及土地统计调查报告》，日本租借住宅约占日本住宅总数的38%，其中，东京的租借住宅比率高达54%。基于这样的市场，除了企业法人之外，由个人将不动产作为生产资料开展经营活动的案例也越来越多。不动产的用途除了住宅，还包括办公空间、停车场、民宿（如前文提到的爱彼迎）、合租房等，不动产率先在"共享经济"领域扩大其规模。另外在将不动产用于筹措资金方面，除了抵押贷款之外，租赁债权流动化和不动产信托投资也较为普遍。

与不动产市场相同，在提升移动资产运转效率的需求不断扩大之后，服务商与需求者之间的供需匹配将逐渐完成，这将强化人们对于移动资产可作为生产资料的认知。一旦确定了对资产价值的评价，移动资产就可以像不动产一样，扩大资产管理的发展规模。

### 电动汽车蓄电池的资产管理也将成为可能

上文所提及的资产管理均以车辆整体为对象，接下来将阐述 EV 电池作为资产管理对象的可能性。由于 EV 电池的成本在车辆总成本中所占比重较大，今后随着电动化的发展，减轻 EV 电池费用负担和实现 EV 电池再利用的需求将不断增加。也许，市场将会出现仅将 EV 电池纳入资产管理范围的新动向。

当 EV 电池成为移动资产之后，为了实现电池价值的最大化，有必要对电池产品的使用周期进行详细的考量，包括重复利用和循环利用等功能设定等，也就是从所谓的循环经济的视角对电池的使用周期进行思考，具体参照图 2-3。

为何我们要倡导 EV 电池的循环利用呢？这是因为 EV 电池不仅购买成本较高，而且若只将电池用于普通用途，那么电池的稼动率极低。若能最大限度地实现电池的重复利用，不仅可以降低用户的使用成本，而且对于资产所有者来说，还可以提升电池本身的价值。

从循环经济的角度出发，为了实现电池生命周期内价值的最大化，必须实现以下 4 项突破。

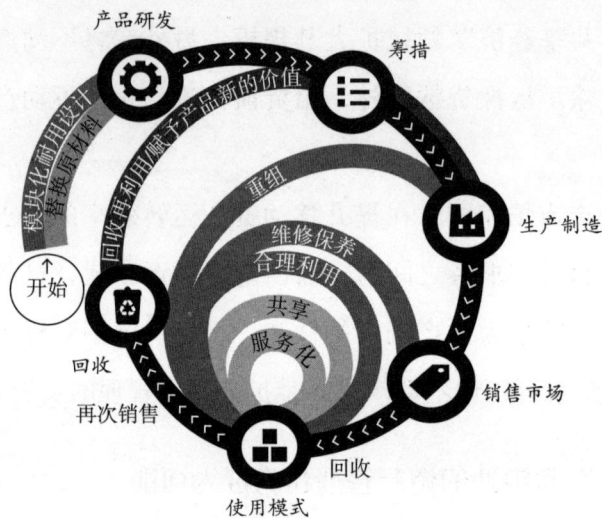

图 2-3　循环经济视角的电池生命周期和价值最大化

第一项，进行原材料革新

在电池的开发制造中，使用可延长产品生命周期的材料、收益性高的多功能材料和便于回收再利用的材料开发出高性能的电池产品。除了引进可改变原材料形状的生产技术之外，还需要开发通过标准的原材料组合即可实现电池功能变化的技术，通过优化产品结构和功能组合，降低高性能材料的使用成本。

第二项，延长产品生命周期

即便是同样的产品，也能通过技术来延长产品的生命周期，在原材料革新的基础上，或者说即便无法实现原材料的革新，也能从技术层面延长产品的生命周期，从而提升产品在价值周期内的价值。

比如，利用 IOT 物联网技术对电池进行远程监控和操作，通过不断积累和优化技术，实现对电池的合理化使用，也许最终能达到延长电池生命周期的效果。另外，便于部分更换和维修的模块设计，也可能通过部分维修实现产品整体寿命的延长。

第三项，提升稼动率，合理化使用产品

同样的产品，通过提高使用过程中的稼动率便能提升整体收益，即便是相同的稼动率，也能通过合理的使用方式来提升整体收益。为了提升整体收益，除了移动服务和能源服务等车辆本身的用途之外，还必须寻找单独租赁电池和共享电池等其他方式，实现对车辆的有效利用。

另外，通过对使用环境、使用情况、电池电量情况和电池健康度情况等数据的监控与分析，根据实时情况选择电池最合适的用途，包括行驶、V2G、V2H 和 V2V（Vehicle to Vehicle，车辆）等。在这种情况下，标准模块的设计对于实现电池的多功能用途尤为重要。

第四项，回收再利用

用完的电池也可以通过回收再利用，在其他用途上继续发挥价值。这个功能的实现也需要利用物联网技术，电池即服务（Battery as a Service，BaaS）服务理念中，将电池作为为用户提供"蓄电功能"的工具，通过物联网技术，用户可获取准确性较高的信息，根据信息数据对电能进行高效的回收和反向充电供应链管理。这里需要再次回归到原材料上，通过材料、科学与技术提高回收再利用的效率。

## 🚗 移动服务的技术支撑平台

为了掌握汽车的整体状况，持续性地为移动出行服务商提供服务，必须对汽车燃料剩余量、电池剩余电量和故障预警信息等信息进行收集，负责收集汽车信息的便是"CASE"趋势中的联网科技平台（图 2-4）。随着电动化的发展，对 EV 电池的状态管理和对基于车辆和行驶数据的充放电双向管理也变得十分重要。作为车辆软件系统的核心，中央控制装置（Central Control Unit，CCU）通过远程信息处理控制单元（Telematics Control Unit，TCU）和数据通信模块（Data Communication Module，DCM）的网络通信功能，实现对汽车的数据收集与分析，在此基础上规划出最合理的汽车使用方式。随着以上功能实现的可能性增大，联网科技的功能范围也将不断扩大。

除了掌握车辆的具体情况之外，还需要把汽车、司机和顾客的情况通过数据化运算进行匹配，提高服务的精准度。为了精准地匹配汽车、司机和顾客三者的具体情况，必须准确掌握车辆的有关信息（包括车辆起始位置、车辆目的地位置、车辆可使用时长、车辆返回目的地、车辆所有者等）、司机的空闲时间信息、司机的属性标签（包括乘客的评价）和顾客的需求信息（出发地和目的地等）。

另外，也期待云端技术平台能够继续创造出像出行共享服务和能源服务等这样具备较高附加值的服务，通过数据演算对实时情况进行分析，判断出最为合理的服务，为实现资产收益最大化提供支持。多方利害关系者可以直接加入云端技术平台，云端技术平台需具备如上文中提到的区块链似的自动处理功能和信任担保功能。

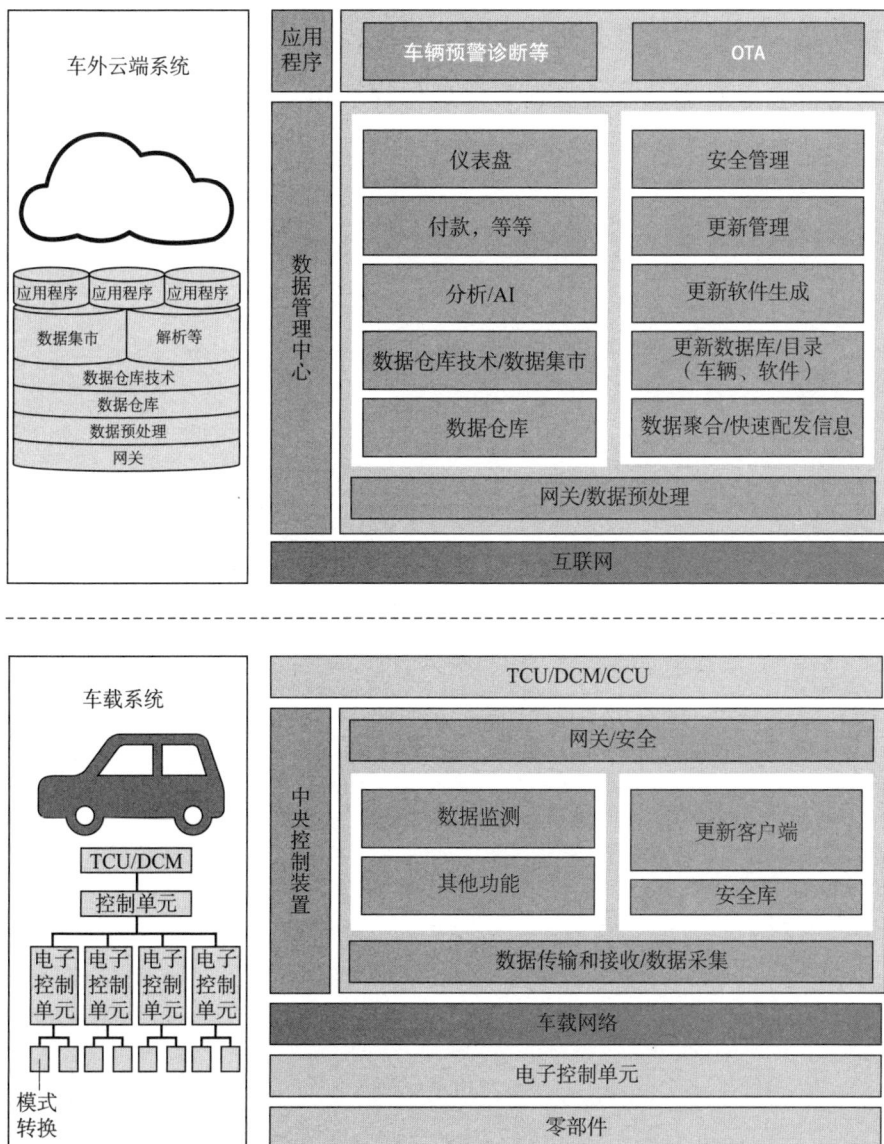

**图 2-4　联网科技平台**

从实际应用层面来说，能够轻松地为用户提供车辆预警诊断和无线通信科技（Over the Air Technology，OTA）等功能的用户体验设计（UX/UI）是扩大用户基础和服务商规模的关键因素。今后，随着自动驾驶技术的发展，汽车的行驶和乘车操作都将与社会系统相联结，实现完全自动化。通过远程操控使供需高度匹配的应用系统也将应运而生，上述提到的信息与物理相互融合的世界将得以实现，完善社会体系基础，提升汽车作为社会资产的运行效率。

## 移动经济平台将促进新生态系统的建立

虽然技术平台是确保移动经济发展的必要基础，但是只有技术平台还远远不够，只有将用户、资产所有者和服务提供者（司机）等多方移动经济参与者集中到一起，形成强有力的生态系统，才能发挥移动服务的最大价值。为了促进移动经济的发展，需要将移动生态系统与各种通信设备、地理信息和地图服务、救援服务、车队服务和保险等服务和数据相互联结。今后，网络设备的发展也将成为推动移动出行服务发展的重要因素，包括自媒体娱乐服务等车内服务系统，可实时掌握事故、施工等交通信息及车内外环境数据的更为先进的驾驶辅助系统，以及利用声控、AR 和 AI 技术的人机界面等。

在移动服务不断发展、软件结构不断变化和市场参与者不断增加的背景下，移动出行领域也许将建立起与以往汽车行业的产业结构完全不同的新生态系统。但是，要想建立新生态系统，必须要先建立高水平的多边平台，通过数据将用户、资产所有者、服务商（司机）、车辆和基础设施联结起来，并通过对平台数据的分析实现供需匹配（图 2-5）。

多边平台将产生可供所有市场参与者共享的原始资产。当多边平台生态系统中的参与者所拥有的利润池不断扩大，可供选择的实现收益最大化的选项也将增多，这意味着资产管理的价值也将不断提升。

多边平台中的商业模式，根据资产管理方式的不同，可分为套利模式（价差交易模式）、手续费模式和价值链收益模式。

套利模式（价差交易模式）：如前所述的运用型资产管理那样，服务商在承担运营风险的同时享受价差收益。比如车辆和蓄电池的再利用，可从车辆和蓄电池单体的市场价格和作为移动资产所具有的价格差额中获取收益。

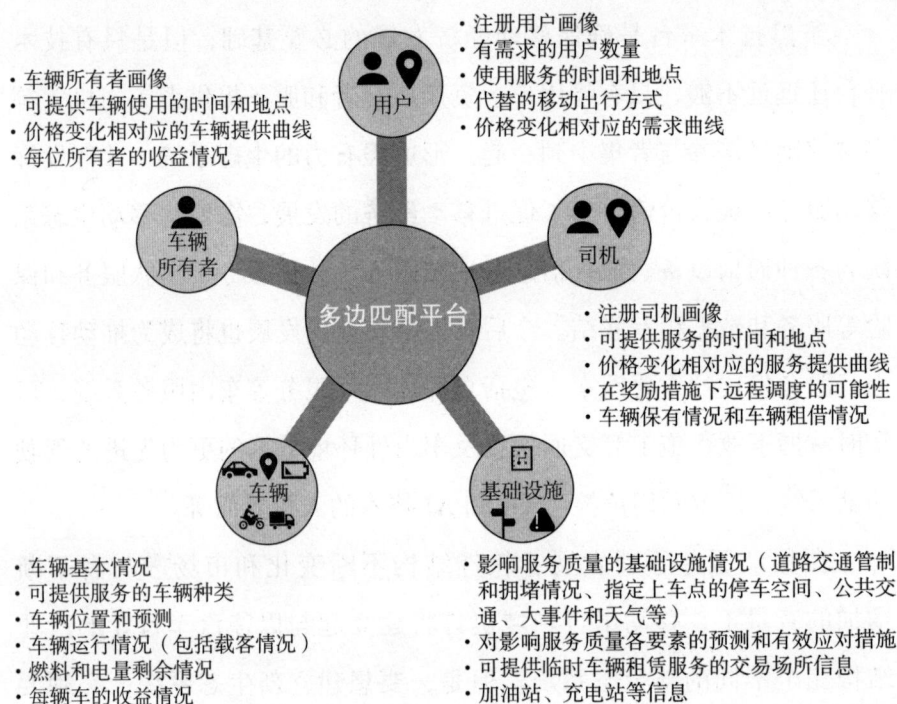

车辆所有者画像
可提供车辆使用的时间和地点
价格变化相对应的车辆提供曲线
每位所有者的收益情况

注册用户画像
有需求的用户数量
使用服务的时间和地点
代替的移动出行方式
价格变化相对应的需求曲线

注册司机画像
可提供服务的时间和地点
价格变化相对应的服务提供曲线
在奖励措施下远程调度的可能性
车辆保有情况和车辆租借情况

车辆基本情况
可提供服务的车辆种类
车辆位置和预测
车辆运行情况（包括载客情况）
燃料和电量剩余情况
每辆车的收益情况

影响服务质量的基础设施情况（道路交通管制和拥堵情况、指定上车点的停车空间、公共交通、大事件和天气等）
对影响服务质量各要素的预测和有效应对措施
可提供临时车辆租赁服务的交易场所信息
加油站、充电站等信息

图 2-5　支撑移动出行服务的多边匹配平台

手续费模式：像前述的车队管理型和运用型资产管理方式一样，移动资产归客户所有，通过向客户收取享受服务的手续费的方式获利。

价值链收益模式：从资产管理的其他附带商机中获取收益，有可能和套利模式及手续费模式并存。随着维修、保养、零部件、保险和各项金融服务事业机会的扩大，获取收益的机会也将不断增大。

　　移动出行服务商接受资产管理服务，不仅降低了自身的运营风险，还实现了收益的最大化，上述资产管理服务今后将不断扩大发展规模。

# 第三章

## "CASE" 变革风潮席卷各行各业

一直以来，汽车行业供应链的核心都是汽车制造商，"CASE"的风潮将极大改变这一供应链模式。在车联网技术的支持下，汽车可借助信息通信技术实现与云端服务平台之间的联结，并作为物联网末端之一为用户提供服务。在车联网系统内，各种物联网设备和服务也与服务平台相互联结，并基于大数据分析衍生出新的服务。这些新的服务涉及保险、服务费用结算和移动资产管理等领域，"CASE"的风潮不仅将推动科学技术的进步，也将促进金融行业的变革。

　　随着汽车电动化的发展，汽车行业除了致力于提升电动汽车蓄电池的使用性能之外，还将不断开发探索蓄电池的新用途，这个过程也许会助推能源经济产生新业态和新模式。

　　包含汽车、云端技术、电力栅格和移动出行服务等在内的技术体系将在经济模式已经发生变化的"CASE"世界中创造出新的商机，本章将从通信行业、高科技行业、金融行业、能源行业这4个方面对"CASE"世界中诞生的新商业进行详细说明。

🚗 **通信行业：新商机各领风骚**

### 在物联网背景下诞生的汽车交流功能

联网科技赋予机器通信功能，使机器向物联化的方向发展。车联网技术的出现引起了社会各界的普遍关注，这项技术使车辆拥有了通信功能，并得以与云端和交通基础设施等"车外系统"相联结。目前社会各界关注的重点是，车联网技术将促使通信领域产生怎样的新商机。

车联网技术，简而言之就是将车辆与一切事物相联结的新一代信息通信技术，简称 V2X，根据所联结对象的不同，可将车辆的联网技术分为 4 个方面，即车与网络（V2N）、车与路面基础设施（V2I）、车与车（V2V）以及车与行人（V2P）。首先，将针对以上 4 个方面的内容进行介绍。

V2N 指的是车与网络相互联结，通过 3G、LTE[①] 等车载通信网络装置实现车辆与云端服务器的联结，为用户提供联网服务。这项技术虽然在日本尚未普及使用，但是在欧洲已被普遍用于帮助汽车导航系统从云端接收地图信息了。

V2I 指的是车与路面基础设施相互联结，通过将车辆与道路以及路边的基础设施进行联结实现数据交换，为驾驶者提供驾驶援助

---

① LTE 的英文全称为 Long Term Evolution，指长期演进技术。

服务。从生活中的实例来看，ETC（自动收费系统）技术也属于 V2I 技术的一种，另外，弯道提醒、闯红灯警告和红绿灯时长提醒等功能也属于 V2I 技术的范畴。

V2V 指的是车与车相互联结，实现车辆之间的信息交换，实现互联的车辆之间可以共享位置、目的地、时速和刹车操作等信息。这一技术可减少车辆之间的剐蹭、碰撞和追尾，有效缓解交通拥堵的压力，从而改善整体的交通状况。比如，根据前方车辆的行驶情况提醒驾驶员进行加减速和调整车辆之间距离等操作，同时该技术还具有显示紧急行驶车辆的位置等功能。

V2P 指的是车和行人相互联结，携带智能手机或可穿戴设备的行人与车辆可以实现实时互联，避免行人与车辆碰撞，保障行人安全。当车辆接近时，智能手机或可穿戴设备会为行人发送提醒通知，同样当周边有行人时，车辆也会为驾驶员发送通知。

## 加速发展中的移动通信技术

接下来将针对 V2X 的发展现状进行详细的介绍。

在 V2X 的 4 个技术范畴，最为普及的便是 V2N 技术。欧盟已规定，自 2018 年 4 月起欧洲市场的所有新车必须配备 eCall[①] 紧急呼叫系统，这一系统将会在发生道路交通事故时自动拨打紧急服务电话。在发生交通事故时，一旦安全气囊或紧急通报按钮被触发，系统便会通过 GPS 系统定位车辆的位置信息，并将车辆的情况发送至紧急呼叫中心。相关人员接到紧急呼叫之后，便会通过通话设备与驾驶员通话，根据情况派遣紧急救援车辆前往事故现场。

---

① eCall 即 emergency call，指车载紧急呼叫系统。

在欧盟强制安装 eCall 的政策影响下，德国汽车技术供应商博世也开始开发适用于所有品牌和车型的 eCall Plug 设备，只需将内嵌加速传感器和计算传感器的专用插头接入车载插座中，并通过蓝牙将设备与智能手机联结，就可成功安装 eCall 系统。在发生紧急事故时，除了紧急呼叫功能之外，该系统还能分析车辆行驶数据和损伤程度，根据分析结果采取相应的措施。日本也于 2018 年 2—4 月在福冈市进行了 eCall Plug 设备的试验。

并非所有国家都明确推进 V2I 技术在本国落实，各国 V2I 技术的发展情况存在较大差异。部分国家由于受益者和投资者不同，尚处于探讨阶段，还未推进 V2I 技术的具体落实。比如，日本的 ETC 所使用的是 5.8 吉赫频段的短程通信技术（Dedicated Short Range Communication，DSRC），目前正在推进的高速公路安全驾驶辅助系统 ETC2.0（ITS① Spot 服务）项目，目标是建设安全、环保、经济的道路交通社会，ETC2.0 系统除了高速公路的自动收费功能之外，还将具备规避交通拥堵、援助安全驾驶、停车费用缴纳和车辆入库管理等多种功能。丰田此前宣布将为汽车配置专用频率为 760 兆赫的 ITS Connect 系统，利用路车间、车车间的无线通信实现更加精细的驾驶辅助。另外，美国高通公司、日产和 NTT Docomo 等 6 家企业已开始进行蜂巢式车联网 Cellular-V2X（简称 C-V2X）系统的测试。

美国国家层面规定使用 5.9 吉赫频段的专用短程通信技术，由

---

① ITS 的英文全称为 intelligent transportation system, 指智能交通系统，即将先进的信息技术、电子通信技术、自动控制技术、计算机技术以及网络技术等有效、综合地运用于整个交通运输管理体系，建立起全方位发挥作用并实时、准确、高效的交通运输综合管理和控制系统。

于实际的执行单位是各州政府，因此难以进行统一的管理；欧洲各国也正在探讨使用 ITS-G5 系统，该系统使用的是 5.9 吉赫频段的专用短程通信技术；中国则选择了与日本和欧美国家不同的研究方向，正在推动基于 LTE 系统的 LTE-V2X 车联网技术研究和测试工作；而致力于融合汽车产业和通信产业的 5G 汽车联盟（5G Automotive Association，5GAA）则宣称，C-V2X 的通信性能在可靠性和稳定性方面均明显优于 DSRC，各国 V2I 技术上的研究方向和落实情况各有不同。

由于 V2V 技术的研发需要各汽车制造商之间通力协作，需要先充分了解各汽车制造商的发展策略和开发投资负担等信息，因此整体还没有具体进展，但是有个别汽车制造商已制订了单独的研究计划。比如，奥迪正在开发汽车行驶提醒功能，在行驶的过程中会为驾驶员发送车速限制、交通状况和封锁路段等提醒信息，另外，奥迪还同步开发在车间距离较短时的自动跟车驾驶功能。丰田也宣布将于 2021 年在北美发售装配短距离无线通信技术的新车型，通过与其他车辆的互联实现信息交互，有望达到规避交通事故的效果。

通用正在进行 V2P 领域的技术研究，但是和 V2V 一样，整体还没有具体成果。日本本田技研于 2013 年公开发表了进行 V2P 技术研究的策略，通过行人和车辆的信息交流，为行人和车辆发出提醒信息，以规避交通事故的发生。当有行人出现时，汽车通过闪烁的仪表盘提醒驾驶者有行人靠近，同时行人的智能手机也会提醒行人有汽车靠近。但是，本田技研至今仍未发表试验的相关内容。

也就是说，除了 V2N 技术之外，其他 3 个领域尚未有明确的发展方针，因此本书将着重针对最为普及的 V2N 技术进行探讨。

## 联网汽车预计在 2025 年前后实现全面普及

根据相关预测，从 2020—2030 年的 10 年间联网汽车的销售也将急剧增加，到 2035 年，全球联网汽车的销量将突破 1 亿台。一直致力于提升车辆附加值的发达国家将优先实现联网汽车的普及，新兴国家在 2025 年之前的增长速度较为缓慢，但有望在 2025 年之后逐步增速。

在车联网技术领域，有两种不同的联网技术，一种是通过移动末端设备实现与车载信息娱乐系统相连的前装车联网，另一种是搭载通信移动设备的后装车联网，虽然目前这两种方式都较为普及，但是今后后装车联网的市场规模将更为庞大（图 3-1）。

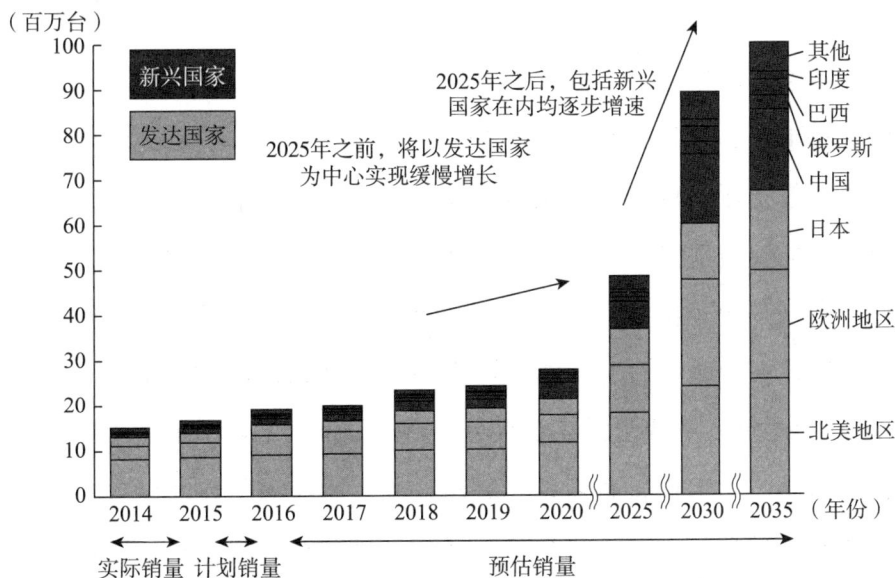

图 3-1 联网汽车销量预测（按不同地区的新车销量统计）

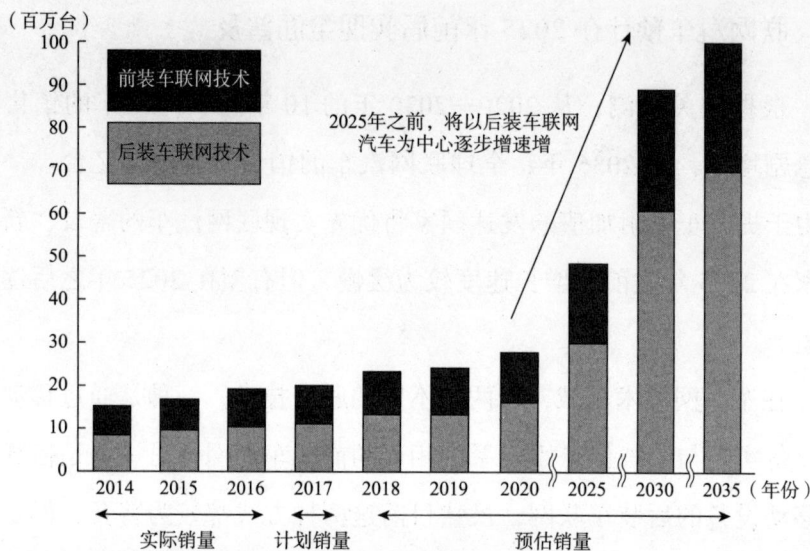

（百万台）

前装车联网技术

后装车联网技术

2025年之前，将以后装车联网
汽车为中心逐步增速增

2014 2015 2016 2017 2018 2019 2020 2025 2030 2035（年份）

实际销量　计划销量　　　　　预估销量

图 3-2　联网汽车销量预测（按不同联网技术的新车销量统计）

前装车联网系统中最为典型的就是 IT 行业的领军企业苹果公司的 CarPlay 车载系统和谷歌公司的 Android Auto 车载系统。只需将车辆与智能手机联结，使用显示器和扬声器等车载信息娱乐系统功能，就能够使用智能手机中的地图、通话和音乐等应用程序。当然，汽车制造商也可能让汽车联结其特有的其他服务，另外还有像本田技研这样在后期为车辆搭载汽车制造商独有的通信系统的例子。

2000 年，搭载于雷克萨斯新车型上的 G-Link 智能副驾系统问世，这是日本国内首款后装车联网产品。由于通信移动设备的初期费用和通信费用需要由用户自行承担，因此至今为止只运用在高端车辆上。但是随着 V2X 技术的发展，日产将在 2022 年前为全部车型搭载车联网系统。

## 在联网科技背景下衍生的各类移动出行服务

如今，在移动出行领域已经出现了基于互联化的各种移动出行服务，与车联网相关的新移动出行服务主要有以下几个类别。

### 汽车消费贷款

随着车联网技术的发展，人们可以通过远程操控的方式让车辆停止行驶。在汽车消费贷款行业，一旦出现用户未遵守还款期限的情况，就可以通过远程操控的方式催促用户尽快还款。这类贷款服务可满足低收入人群的需求，在新兴国家将不断扩大规模。

### 车队管理

通过对从车辆获取的行驶数据、维修和保养信息进行分析，为用户指定维修和保养计划、提供位置管理和安全驾驶指导等全方位的管理服务。

### 能源管理

在电价较低时段（用电低谷）为电动汽车的电池充电以储蓄电能，在电价较高时段（用电高峰）将储蓄的电能用于家庭日常用电，以减少电费支出。

### 安全防护

利用车联网系统对车辆的情况进行实时监控，预防不必要的故障和异常，并提供必要的维修和保养方案。

### 车联网汽车保险

保险公司通过车联网技术从车辆获取用户的行驶信息，包括行驶距离、安全气囊运行情况、ABS（antilock braking system，防爆装置）刹车次数和燃油费用等，经过复杂的模型分析后会对用户的驾驶特征形成一个综合评价，最后根据综合评价来确定用户应缴纳的保险费用。作为车联网保险的衍生服务，保险公司还会对车辆行驶过程中的加速和刹车的次数等数据进行统计，驾驶技术较高的驾驶员可以享受相应的保险折扣。目前，世界上最大的车联网保险公司是意大利的 Octo Telematics。日本的索尼损害保险公司以及与丰田合作的日生同和损害保险公司也为驾驶者提供远程信息处理汽车保险，根据车辆行驶过程中的速度、加速和刹车的次数等数据，为用户提供安全驾驶支持功能和安全驾驶保险费折扣等服务。

### 防止盗窃

在新兴国家，用户普遍认为 GPS 定位追踪器能有效防止车辆被盗，巴西、印度和印度尼西亚等国家均在车内使用内置移动通信模块的 GPS 追踪器。此外，巴西还推出了专门的车辆盗抢保险，要想购买车辆盗抢保险，首先需要安装 GPS 追踪器。

### 紧急呼叫

当车辆发生事故时，系统会自动将位置信息发送到紧急呼叫中心，以便采取及时的紧急救援。

### 安全驾驶诊断

根据驾驶数据（包括加减速、刹车和交通规则遵守情况等），发挥安全驾驶援助功能。

### 车内结算服务

除了 ETC 高速路费之外，用户在停车场和免下车购物商店也可享受自动支付服务，最终将实现所有服务的自动支付功能，用户可在车内享受所有服务。

### 娱乐服务

用户在车内可以听音乐、看新闻、看动画和打游戏等，丰富乘坐时的"生活"。

实时驾驶援助

除了实时更新地图信息之外，还会根据用户的驾驶情况预测目的地和行车路线，并提供该路线的交通流量、交通管制等路况信息。

除此之外，还可以推出车辆位置搜索、共享出行、汽车共享、智能钥匙、接待、路况助手、驾驶员身体状况管理和车内广告等服务，甚至还可以向汽车制造商推出以下服务。

数据交易

向车联网服务供应商出售用户服务使用情况、地图数据和事故及路况信息，移动出行市场从业者还可出售移动行业发展数据。

设计反馈

通过远程监控车辆的使用状况，统计易出现故障的部分和零部件，从而改善车辆设计。

但是，目前基于车联网技术的移动出行服务变现难的问题凸显，至今能够成功变现的车联网移动出行服务少之又少，这些已变现的车联网移动出行服务多为使用后装车联网设备的新兴国家的服务项目，包括汽车消费贷款、汽车租赁、车联网汽车保险、车辆防盗设备和车队管理等服务项目。

另外，变现难还因为这些服务都存在可替换的方式，对于用户来说没有必要额外支付费用来享受相同的服务内容。比如，从娱乐层面来讲，智能手机已经具备了听音乐、看动画等功能，还可实现通话，因此用户感受不到另外支付费用来享受相同服务的益处。

## 基于车联网技术不断扩大使用规模的移动出行服务

虽然移动出行服务的现状是变现难，但是基于车联网技术的移动出行服务市场在今后也许会持续扩大规模，原因在于以汽车制造商为首的众多市场参与者开始往附加值高的区块移动，即往汽车行业价值链的"微笑曲线"①的右端移动。

　　汽车行业现有的价值链模型是买断模型，从产品的研发开始，到产品的生产、销售形成一个闭环系统。从用户的角度来看，汽车属于初期消费，按照这个价值链，顾客只需在购买汽车时花费一笔费用。但是，联网汽车通过维修和保养、贷款和保险等方面实现汽车使用周期内的收益最大化，从顾客角度来说，就是运营成本。今后，移动出行服务的市场规模将不断扩大，汽车行业的市场规模也将在全球范围内进一步扩大（图3-3）。

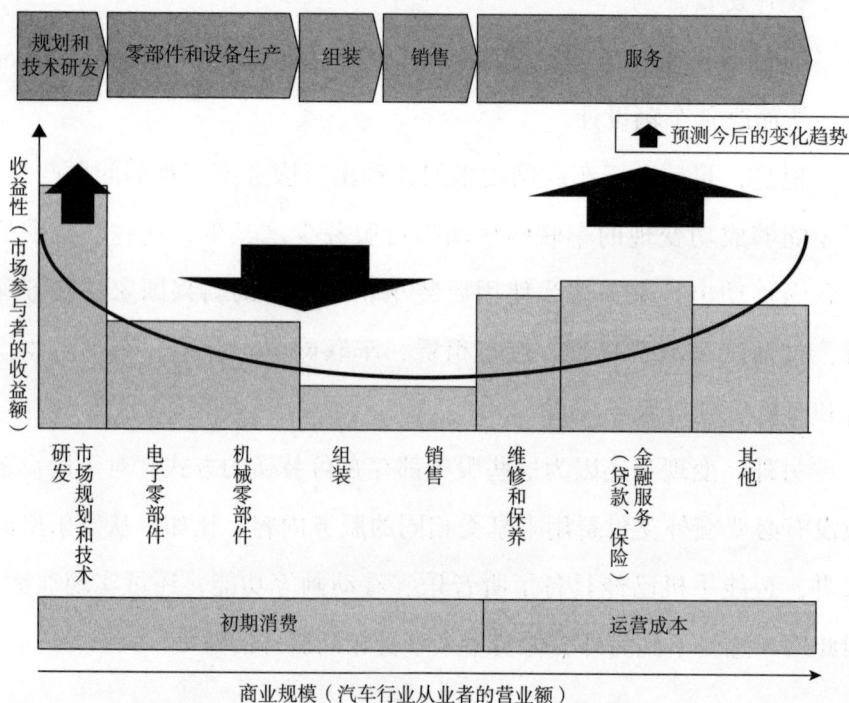

图3-3　汽车行业利润池的现状和变化趋势

----

① 在汽车行业中价值最高的区域集中在价值链的两端，即研发和市场，在附加价值的观念指导下，企业只有不断往附加价值高的区域移动才能实现持续的发展。——译者注

自动驾驶和用户体验等服务也需要车联网技术的支持。自动驾驶技术中实时更新周边环境信息、从系统端发出定位和驾驶安全紧急指示等功能都需要联网，虽然不需要随时联入，但是更新自动驾驶软件系统需要网络的支持，系统通过获取交通状况、监控车辆行驶情况来制定最佳行驶路线时也需要联网。在用户体验服务中也有多个功能需要联网，比如导航系统、新闻和动画功能、车内结算、推荐行驶路线范围内的店铺优惠券等功能，另外，在操作员下载安装服务软件时也需联网。

在实现电能驱动与"移动出行即服务"（Mobility as a Service，简写成 MaaS）结合的过程中，通过车辆电池残余电量和位置信息来提高车辆运转效率是极为重要的，因此车联网技术不可或缺。车联网技术可以保证在车辆发生故障时及时掌握车辆的情况，从维修和保养的角度来说，车联网技术也十分重要。

同时，车联网技术还是实现使电能驱动与能源管理相结合的基础，这是因为电力行业从业者期待可以利用电动汽车的蓄电池来提高电能利用效率。用户可以通过智能充电导航系统（Smart Charging，V1G）调整电动汽车电池的充电速度，并通过电力电子设备反向为电网送电，从而提高电网系统的稳定性。总而言之，对于车辆来说，联网技术是十分重要的。

## 车联网领域的五大商业模式

车联网领域的商业模式根据其功能的不同，可以划分为服务、服务平台、云端、通信和 TCU 五大类别（图 3-4）。

础如何，都可以发展已经成型的服务。汽车制造商和服务商可以选择在新兴国家将后装 TCU 和特定服务相结合，优先获取在该市场开展业务的渠道、客户和数据基础。提前占据服务市场份额，对汽车制造商和服务商来说是十分重要的。

服务平台和云端

在服务平台和云端领域，通常情况下都不是单独提供某项服务，而是将服务通过和平台、云端、车载信息娱乐系统和通信设备等相结合的方式呈现，比如博世的 Suite、微软的 Azure 和华为的 OceanConnect 均属于这类操作系统。目前，还没有面向联网汽车的标准化的操作系统，因此，与相邻产业通力合作，率先打造行业基础并形成差异化是十分重要的制胜手段。

根据相关预测，5G 时代背景下个人信息等应用数据量将实现爆发性增长，因此，对边缘的整合控制和数据安全性将成为关键，市场参与者必须在这些领域也采取相应的应对措施。

通信

将来，蜂窝通信技术将成为核心技术。但是，从 5G 时代联网汽车的实际使用范畴来看，使通信、服务、云端和 TCU 之间实现空前紧密的联结是尤为必要的。

在通信领域，系统的容量问题有可能成为决胜关键。根据丰田的测算数据，在 2025 年左右，联网汽车的全球保有量将达到 1 亿台，仅日本国内就将有 300 万台。丰田信息技术研发中心系统结构研究部网络小组的大西亮吉曾在 2018 年 OpenStack 东京峰会上讲道："若一辆联网汽车每月上传 10 GB 的数据到云端，那么日本每个月云端上的数据就有 30 PB。假设写入速度为 10 GB/ 秒，单纯将外部数据记录到存储设备中就需要花 1 个月以上的时间。在这种情况下，进行数据采集都有困难，更别说深度学习了。"1 PB 等于 1024 TB，若丰田的测算符合实际情况，那么就必须对数据进行分散处理。

在这种情况下，TCU 等相邻产业的生产商也许会通过利用移动设备领域移动虚拟网络运营商（mobile virtual network operator，MVNO）这样的模式，推动和通信领域的紧密结合。通用电气公司目前已加入 MVNO 的阵营，在建立与全球通信服务商的有效联结的基础上，提供物联网设备和服务平台，进而为用户提供服务。

TCU

目前大部分 TCU 都由生产商根据各国家和地区的通信标准和规定，通过与当地服务相结合的形式，提供给各国家和地区。今后，随着 5G 技术的发展和直接嵌入设备芯片上的 eSIM 卡的广泛应用，TCU 可以在应对以上变化中发挥一定的价值。

eSIM 卡，也称为云 SIM 卡，是可实现对内部数据的远程配置管理的虚拟 SIM 卡。即便 eSIM 是安装在芯片上的，也无须担心库存问题，eSIM 可不受国家和地域的限制，可自由选择、切换运营商。

将来，TCU 也将在全球范围实现整合，因此若能沉着应对未来世界的变化，将有可能在价格竞争中取胜。预测到这一变化趋势之后，汽车制造商将开始加强与服务商之间的合作，另外，还可以在成熟的技术领域，通过收购和并购的方式扩大事业规模，提高企业附加值，占据该领域的霸主地位，获取属于胜利者的收益。

### 在车联网技术的影响下，日本移动设备领域的动向

如上所述，5G 时代背景下个人信息等应用数据量将实现爆发性增长，因此，联结云端对移动边缘系统的内容分发和资源分配

将成为重要战略领域。在此背景下，与服务平台及云端相关的服务提供商需要与汽车制造商共同研究联网汽车今后的使用范畴，率先积累技术和数据，在此基础上探讨网络系统和资源的分配问题。

下文将简要介绍在车联网技术的影响下，目前日本移动设备领域的最新动向。日本电信运营商 KDDI 此前宣布和丰田展开合作，共同推进全球化通信平台的建设。预计从 2019 年开始为丰田提供可在全世界范围内实现通信的 eSIM 卡。作为日本电报电话集团的一员，NTT Docomo 和丰田建立合作关系，共同推动面向联网汽车的 ICT[①] 基础研发和建设。除此之外，NTT Docomo 还和法国著名汽车零部件供应商法雷奥集团达成一致，将在车联网及移动出行服务的开发和供应等方面展开合作。

软银集团也积极与本田技研合作研发 5G 通信技术，当车辆高速行驶时，可实现通信基站的平稳切换。软银集团还与高级智能汽车公司共同成立了 SB Drive 公司，专注研发自动驾驶技术。此外，软银集团还积极投资优步、滴滴出行等移动出行服务公司。

本身不参与移动出行领域的竞争，专注为联网汽车提供通信网络服务也是一个可行性较高的战略。比如沃达丰（Vodafone）的战略方向就是发挥"陶管制造商"的作用，专为联网汽车提供通信网络服务，并通过通信附带的管理和服务提升收益。

### 通信行业今后应采取的商业竞争模式

通过综合各个领域的战略方向之后，将今后可采取的商业模式大致分为以下七大类（图 3–5）。

---

① ICT 的英文全称为 information and communications techology，指信息通信技术。

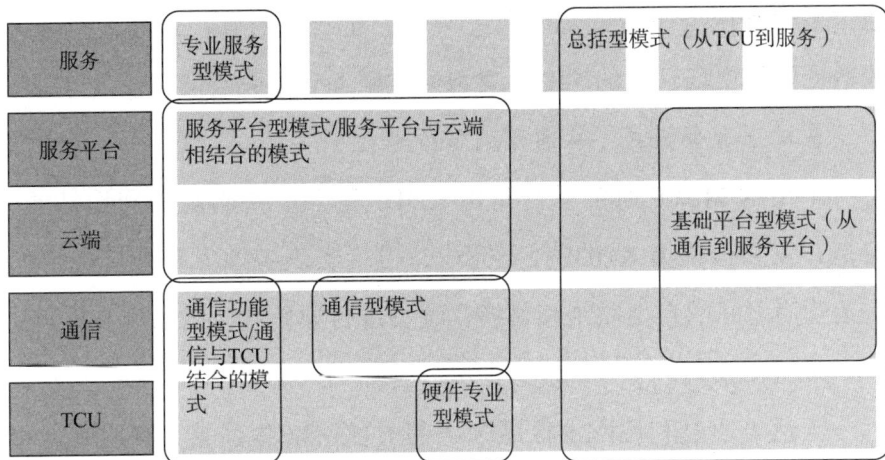

**图 3-5 可行性较高的主要商业模式**

专业服务型模式

能够充分发挥自身优势的特定领域的服务，比如 Global Mobility Service 提供的汽车消费贷款服务、日生同和损害保险公司提供的远程信息处理汽车保险都属于专业服务型模式。

服务平台型模式 / 服务平台与云端相结合的模式

德国大陆集团所提供的远程车辆数据平台便属于服务平台型模式。而服务平台和云端相结合的模式有亚马逊的 AWS、微软的 Azure、谷歌的 Android Automotive 以及华为的 Linux 系统。原本这些应属于车载信息娱乐系统平台，但是由于满足联网服务平台的特征，因此将以上系统归为服务平台与云端相结合的模式。

总括型模式（从 TCU 到服务）

丰田所推出的 MSPF 出行服务平台集出行服务的管理、使用和分析等功能于一体，为移动出行服务商提供全方位的服务。博世的 Automotive Cloud Suite 和美国无线通信公司 Verizon 在通信单元、

通信平台和服务平台的基础上进一步扩充服务内容，为汽车制造商
营造良好的市场环境的同时，实现通过服务获取收益的目标。

基础平台型模式（从通信到服务平台）

丰田的 MSPF 通信平台是由 KDDI 和丰田共同规划和设计的，
但是开发和运用由 KDDI 独立完成，包括实现各国家和地区选定通
信运营商之间的自由联结和切换，统一进行通信状态的监视和管理。

通信型模式

沃达丰通过利用欧洲区域强大的通信网络覆盖能力和网络运用
能力，与宝马、大众和保时捷等公司达成合作，为以上公司提供联
网汽车的通信技术支持。

通信功能型模式 / 通信与 TCU 结合的模式

Verizon 通过整合通用汽车分散的 TCU 和通信系统，开始提供
综合性的服务。今后，Verizon 还计划将事业范围扩大到所有层级和
领域。

硬件专业型模式

大型 TCU 生产商纷纷构建起包括平台和服务在内的完整的商业
模式，而一部分中小企业实现了终端设备的专业化发展，为了扩大
事业规模，这部分企业会在可行的情况下加强自身的价格优势，获
取竞争收益。

## 切勿中途放弃，争取在某个领域占据领先优势

在移动出行和通信技术相结合的领域，今后竞争环境将越发复
杂，技术要求也将更加专业化，加上联网技术的实现需要多项技术
的支持，因此各企业需要基于自身的资产情况以及所处的市场和竞
争环境，认真考虑要往哪个领域拓展，或者说要着重发展哪个领域，

这是极为重要的。

今后主要的战略方式有两种，一种是扩大事业规模，另一种是取得某个领域的优势地位。上述的所有商业模式，都可以发挥网络外部性的作用，一旦经济规模得以扩大，市场参与者自然就会增多。因此，切勿中途放弃，要努力在特定领域获取平台资源，或者在特定领域获得优势地位，并以之为武器，与平台建立稳固的关系。

至今为止，汽车制造商都是通信行业合作伙伴的首选，今后移动出行服务商和能源管理从业者也将成为联网服务的用户，其他领域的平台也存在合作的可能性。总之，在今后的市场竞争中，最为重要的就是选择战略合作伙伴并构筑起自身的生态系统。

## 🚗 高科技行业：高科技独占鳌头

### 活跃于高科技移动出行领域的谷歌、英伟达（NVIDIA）

在高科技领域不断有新的科技公司加入竞争行列，而 IT 行业的巨头公司谷歌、英伟达等几家公司的实力也不可小觑。其中，谷歌已经开始在服务平台领域扩大自身的影响力，这将改变汽车行业现有的商业盈利模式。

谷歌推出的 Android Auto 系统可将 Android 智能手机与车载信息娱乐系统相连，目前已在各大汽车制造商中广泛使用。谷歌还将引进车载嵌入式信息娱乐操作系统 Android Automotive，也就是 Android 系统。

2018 年 9 月，谷歌宣布与雷诺、日产和三菱联盟，展开合作，为这三家联盟汽车制造商提供下一代信息娱乐系统的技术支持，并预计在不久的将来把新系统应用于新型车辆。搭载新系统的汽车可无缝接入互联网，将用户界面与云端相连，为用户提供必要的服务。今后，数据显示、交流沟通和信息反馈都将通过这一平台实现，但是谷歌会根据与汽车制造商及用户的协议约定，调整收集的信息内容。

另外，在自动驾驶算法平台领域，谷歌也比其他汽车制造商和信息通信技术从业者更具有技术优势，可实时获取安全又准确的数据。不具备自动驾驶技术基础的汽车制造商通过采用自动驾驶算法平台技术，就可以一跃成为世界领先的自动驾驶汽车制造商。

另外，谷歌还凭借自动驾驶云计算技术，进军机器人出租车服务领域。将来，作为移动出行服务平台，谷歌将有可能推出到实体店消费可免费搭乘出租车的服务。

同时，英伟达也在不断扩大移动出行领域的事业版图，目前已与丰田、梅赛德斯－奔驰、奥迪、沃尔沃和特斯拉等公司展开业务合作。英伟达原本是一家半导体制造商，该公司发明的 GPU[①] 可在游戏机等设备上生成互动的图形效果并进行数据演算。GPU 与个人电脑和智能手机上搭载的 CPU 不同，CPU 可以处理一个数据量大且复杂的计算逻辑，而 GPU 可以并行执行大量的简单算法，这与需要进行大量并行运算的人工智能算法相匹配。目前，GPU 也被应用于自动驾驶技术上进行必要的数据分析处理。

### "CASE" 时代背景下高科技公司应该思考的问题

在行业环境不断变化、CASE 技术进一步发展的背景下，高科技公司没有必要采取标新立异的竞争策略，可以通过技术资产评估，推进并购协同发展。

根据第三章提到的汽车行业的盈利模型可知，对于企业来说，最重要的是如何获取现有或变化中的收益。为了实现收益最大化，企业必须深入研究该领域所面临的课题和市场需求，在明确该领域的生态系统的基础上开展事业。实现收益最大化的要素主要有以下 7 项（图 3-6）。

下文将一一探讨以上关键因素。

---

① GPU 的英文全称为 graphics progressing unit，指图形处理器。

① 提供完善的车辆系统平台

一直以来，汽车行业的利润都由进行整车开发的汽车制造商独享，各汽车制造商根据长年累积的设计标准进行安全可靠的生产作业，同时在生产的过程中进行零部件生产技术的研究，不断研究精密加工作业并使之系统化，从而完善车辆整体零部件和构件的独立开发能力。

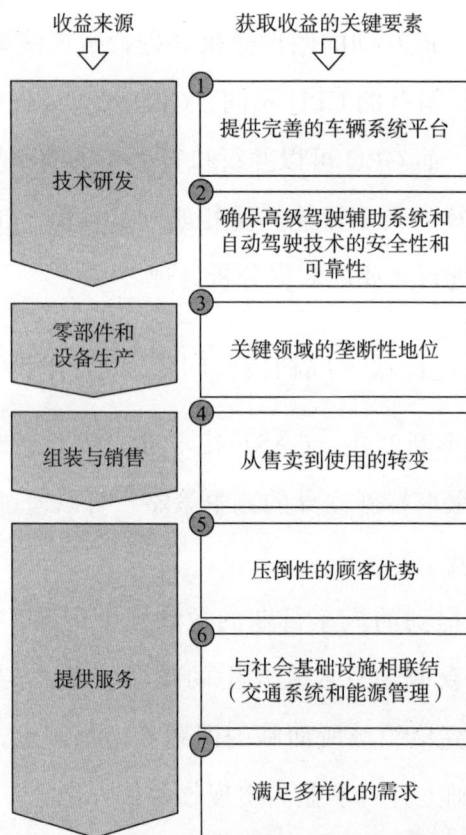

收益来源　　　　获取收益的关键要素

技术研发
- ① 提供完善的车辆系统平台
- ② 确保高级驾驶辅助系统和自动驾驶技术的安全性和可靠性

零部件和设备生产
- ③ 关键领域的垄断性地位

组装与销售
- ④ 从售卖到使用的转变

提供服务
- ⑤ 压倒性的顾客优势
- ⑥ 与社会基础设施相联结（交通系统和能源管理）
- ⑦ 满足多样化的需求

图 3-6　"CASE"时代高科技企业需要探讨的关键因素

但是，今后随着"CASE"趋势的发展，可供研究开发的领域将出现爆发式的增加，比如自动驾驶技术中的感知与分析判断等算法研究、联网技术中汽车与通信领域的联结和其他服务内容的开发、电动汽车的电池与发动机的开发和 BMS（Battery Management System，电池管理系统）的开发、共享领域的供需匹配与需求预测等。按照以上发展趋势，汽车制造商已不可能独自承担汽车整车的开发工作。

因此，各汽车制造商在开发的过程中必须有所侧重，应结合自身实际情况，选择和其他汽车制造商共同开发的方式，或选择将一部分技术研发工作外包给供应商的方式。比如，铃木和丰田合作进行传动系统（Powertrain）和混合动力（hybrid vehicle，HV）系统的开发，本田技研和通用则共同研发电动汽车和自动驾驶技术，宝马和戴姆勒协作开发移动出行服务等。照此发展，各领域的技术研发工作将逐渐实现平台化和系统化，形成明显的区块划分，最后统一组装到车辆上。

如今，已不可能由一家企业独立进行整车的开发工作，大多数情况下都是由多家企业共同合作完成，实现汽车的平台化管理也是基于时代背景下做出的选择。随着电动汽车技术的发展，汽车零部件的数量大幅减少，无须再对其进行重复的精密化打磨。而且在新兴汽车制造商和对汽车需求量较大的移动出行服务商中开始出现了个性化的需求，他们开始注重"特有的汽车外观和使用方式"。为了响应这一市场需求，有着美国硅谷背景的智能互联电动汽车新兴企业法拉第未来和日本的 GLM 电动汽车公司等都开始计划生产和销售电动汽车。

在各汽车制造商的策略中，最系统且先进的构想当属丰田推出的新世代电动概念车 e-Palette Concept。用户可依据使用需求自由调整车辆的长度和传动系统，在此基础上，丰田还为用户提供移动出行服务平台 MSPF 和实现与手机相连的"丰田智行互联"系统，这个系统可满足出行服务所需的各项功能。另外，丰田 e-Palette Concept 还可实现自动驾驶算法与外部设备的联结、多样化移动出行服务与联网服务的联结，这使得概念车的使用者可根据需求自行设定专属的系统。

那么，目前高科技公司的战略是什么呢？众所周知，汽车并不是单纯地将相邻的系统进行简单的合并就可以售卖的物品。汽车制造商对生产成本较为敏感，在生产过程中会尽量避免成本评估不合理或技术黑箱（技术化风险），一旦关键要素外部化，就无法保障内部整体的安全性，因此汽车制造商也想避免这样的情况发生。过去，在技术难度较大的先进科技领域，许多制造商都通过服务调拨的方式加以解决，待技术逐渐成熟之后，再通过个别订购的方式开展生产活动。

如今，单纯的系统化已无法继续满足汽车制造商的需求，科技公司必须不断满足汽车制造商改善汽车的性能和降低生产成本的要求，探索出性能、安全性、成本和配送的最优组合，或者必须拥有能够通过系统化为汽车制造商提供巨大价值的关键要素，使性能达到"1+1=3"的效果，使成本降低到"1+1=1"的程度。

实际上，科技企业已有了新动向。松下正在为小型电动汽车研发新一代 48V 电动动力总平台。松下的目标是开发出由电池、发动机和变频器组成的混合动力系统（Integrated Power Unit，IPU），并以此为车载设备制造的支点和优势，研发出面向超小型电动汽车的动力系统平台。松下是世界上最大的电动汽车电池生产商，它掌握着提高电池使用效率和安全性的先进技术，通过不断地推陈出新，松下将为市场提供巨大的价值。

世界最大的玻璃制造商日本 AGC 集团携手瑞典的通信巨头爱立信公司及以 NTT DOCOMO 成功开发了可接收 5G 通信的汽车窗式天线，并取得了试验的成功。实际上，AGC 集团从事汽车后窗和前窗玻璃印制天线技术的研发工作已有 40 余年。

随着下一代汽车技术的进步，市场对用于支持车辆与车辆之间、车辆与交通基础设施之间通信的天线技术的要求越来越高，车用天线的电子电路设计须确保不易受电波干扰且保持通信信号稳定，解决这一技术难题可以创造出巨大的市场价值。汽车行业的发展趋势对于 AGC 集团来说是有利的，实际上梅赛德斯 – 奔驰全新 E 系列汽车已安装了 AGC 集团所生产的玻璃天线。

② 确保高级驾驶辅助系统和自动驾驶技术的安全性和可靠性

高级驾驶辅助系统和自动驾驶技术涉及许多个人信息，确保信息安全性和可靠性的难度较大。通过优化通信数据和个人数据的保管方式、提升系统中多重领域的安全性和可靠性可以创造出巨大的价值。

另外，确保算法技术的安全性也尤为重要，一旦联网的全自动驾驶车辆的系统遭到非法侵入，车辆可能会被用于恐怖事件。同时，对于车辆云端的通信数据和隐匿性较高的数据也需谨慎处理。

5G 网络技术将更多的数据发送到云端，如何通过边缘计算消除、过滤个人信息以及如何将数据传输到云端和其他车辆的系统上是目前汽车行业面临的重要课题。而且，从可靠性的角度出发，需要对重要数据及与操作系统相关的传感器进行二重、三重的加密处理。

在高级驾驶辅助系统和自动驾驶系统的相关领域，汽车制造商和科技企业也在不断进行关于安全、数据管理和系统的组合试验。

因此，比起一家供应商掌握全部的技术，今后的趋势更偏向于汽车制造商和科技公司根据各自的发展策略研究不同的技术。

由于提高系统整体的性能已成为汽车行业的发展趋势，今后各公司之间有可能形成合作关系。在进行技术研发时，各公司还需要考虑参与哪个领域的竞争、自身具有何等价值以及要加入哪个阵营等问题。

③ 关键领域的垄断性地位

今后，伴随着"CASE"趋势的发展，或许只要掌握能够推动技术进步的关键因素，就能持续获得利润。在"CASE"趋势不断发展的背景下，能够推进技术进步的关键因素有以下几个领域：

高级驾驶辅助系统和自动驾驶相关领域：传感器、半导体。

电动汽车相关领域：电池、发动机、动力半导体。

通信技术相关领域：通信模块。

在以上关键领域，已有独占鳌头的成功案例。比如索尼通过不断提高成像摄像机的传感器性能，在手机相机传感器市场已占据统治地位。目前，索尼还将此技术应用于车载设备，开始为丰田和日产等汽车制造商提供车载传感器设备。根据丰田的相关发布，之前的传感器设备只能在白天使用，而索尼的传感器设备在夜间也可正常运行。

美国激光雷达公司 Velodyne 的激光雷达技术（light detection and ranging，LiDAR）闻名于世，该公司所生产的利用激光光波的三维激光雷达传感器被谷歌等公司广泛使用。Velodyne 的竞争对手 Luminar 此前也推出了可以极大提升分辨率和探测距离的 LiDAR 设备，受到了行业的广泛关注，Luminar 生产的 LiDAR 设备已被应用于丰田的试验车辆上。

要想在关键领域占据垄断性地位，仅有技术上的优势是远远不够的，因为技术马上会被其他公司模仿，行业巨头和竞争对手会紧随其后。对于这种情况，最常规的做法是通过知识产权保护的方式对包括周边领域技术在内的所有技术加以保护，让对手无法轻易效仿。另外，还可以通过以下几种方式避开竞争对手。

第一，要想精准地预测顾客的需求，判断特定车辆的销售情况，可通过建立广泛的顾客关系网，并基于过去的实际业绩和对周边信息的预测等判断，提高需求预测的精准度。

第二，要想应对不断变化的生产量需求，无须增加大型特殊设备，只需确保通用设备可灵活地进行各种产品组合的生产。除此之外，还需与其他公司建立合作关系，确保可委托外部生产或接收外部订单。

第三，可通过将技术的知识产权出售给竞争对手的方式，取得实质性的垄断性地位，也就是技术 IP 化。

第四，收购经营状况不佳或具有技术优势的竞争对手，扩大顾客基础和影响势力，提高企业运转效率，实现技术上的协同效果。

甚至还可以逆势而上，回归趋向衰落的领域来获取行业残存收益，比如非电动化发动机相关零部件和动力系统领域、排气系统零部件领域、随着轻质材料的出现而逐渐减少的钢制的车身材料领域以及包括通信和车载影音娱乐系统的汽车导航系统领域等。这些领域将逐渐面临收益困难的局面，如此一来，许多公司将面临资金困难，根据公司的经营情况也许会考虑尽快转让公司。虽然电动汽车目前正在急速扩大市场，但是即便 10 年之后电动汽车也难以在世界各地普及，若企业可以切实提升这些"夕阳产业"的生产效率，就可以获取产业残存收益，这也是企业占据垄断地位的方式之一。

比如，美国的动力设备制造商康明斯（Cummins）在柴油发动机的生产上独具优势，通过纵向收购的方式扩大市场份额，2007 年的销售额为 130 亿美元，2017 年销售额提升至 200 亿美元，同时，营业利润率也从 8.9% 提升到了 11.6%。

④ 从售卖到使用的转变

上文提到，今后人们对车辆的拥有形式将发生巨大的变化，市场将出现把车辆作为资产进行管理的服务商。

特定模块的资产管理也是可行的经济模式之一。世界领先的航空发动机制造商 GE 航空集团 ① 便是特定资产管理的市场参与者。航空发动机不仅占飞机总成本的比重较大，而且需要大量的护理、维修和保养。其旧有的经营模式是出售或租赁航空发动机，并提供售后维修和保养服务。近年来，GE 航空集团不断优化经营模式，将发动机资产划拨给其全资子公司，并创造出了新型经营模式，由子公司将发动机提供给航空公司使用，并根据发动机的运转效率收取相应费用。GE 航空集团的经营模式从出售商品变成出售成果。米其林（Michelin）的"轮胎即服务"的轮胎租赁模式与 GE 航空集团的经营模式类似，根据行驶千米数进行收费，制造商可以制定包括维修和保养在内的最佳的经营方式，对外技术黑箱化，内部则通过物联网技术获取并分析发动机及轮胎的使用情况和损耗情况，通过减少不必要的浪费和预防维修和保养来提高轮胎的使用效率，在提高顾客价值的同时，提高自身收益。

随着从售卖到使用的经营模式被多数移动出行服务商所采用，

---

① GE 航空集团是世界领先的民用、军用、公务和通用飞机喷气及涡桨发动机、部件和集成系统制造商。

近10年来，汽车的使用方式也发生了巨大的变化。根据谷歌的相关测算数据，车辆的运转率从5%提升到7%，车辆的年平均行驶距离从13500英里（约合2万多千米）增加到10万—15万英里（约合16万—24万千米）。

经营方式的转变，使市场对于构件材料、内装等所有部件的要求也发生巨大的变化。一般情况下，汽车3年的行驶距离可达75万千米，改变经营方式之后，零部件制造商需生产在3年的时间内可供汽车行驶100万千米的部件，或者必须通过频繁地更换、维修零部件来延长汽车可行驶的距离。

另外，迄今为止，汽车的使用年限至少为10年，今后也许会出现只可供汽车使用3年的零部件产品，在不断追求革新的高科技领域，也许会出现生产使用周期较短的产品战略方式。

⑤ 压倒性的顾客优势

随着移动出行服务的普及，顾客接触点逐渐从汽车制造商转移到移动出行服务商身上，在客户接触点上做好客户体验的服务商将不断壮大事业规模。可获取市场收益的机制之间相互关联，主要有以下三大类别。

第一，增加交易总量，即增加成交总额（Gross Merchandise Value，GMV），若成功增加交易总额，将通过网络外部性提升平台的价值。比如，日本有名的购物网站煤炉（Mercari）上的雅虎拍卖。随着用户人数的增加，店铺数量也不断增加，店铺数量的增加也会带动用户人数的增加，二者之间呈正相关。在这种机制中，某家公司也许会席卷整个行业。通过这种机制，特定的服务商将不断壮大，企业逐渐强大从而占据了价格的主导权。

第二，在顾客接触点投入各种服务，建立可产生新收益来源的生态系统。比如乐天公司通过利用乐天市场的顾客基础，推广信用卡及乐天移动通信等服务。在移动出行领域，也提供广告投放、车内结算、车内娱乐和车内办公等服务。美国纽约的初创公司 Cargo 已开始为优步等叫车服务的司机提供车内零售平台。

第三，若移动出行服务商能够构筑起坚实的顾客基础，那么就拥有了高购买力，移动出行服务商就可向汽车制造商提出要求，还可以充当汽车制造商和司机及资产管理行业者的媒介，强大的购买力也意味着移动出行服务商也许可以获取较大的折扣。

当然，首先需要获取顾客基础。在移动出行服务领域，地区特性往往会影响服务商事业的成败，因此，移动出行服务提供商会基于当地的文化和习俗，在当地的商业环境中开展事业。虽然只是单纯的供需匹配，但是目前在每个地区的成败十分明显。

反过来看，若能在特定地区形成顾客基础并顺利开展事业，获取收益的可能性也将增大。随着互联化的发展，移动出行服务领域将不断扩大，移动出行服务商需要利用强大的科技能力开展互联化服务，并通过与其他公司形成差异化来成为行业无可替代的存在，这一点是极为重要的。

另外，移动出行服务商还可通过建立移动出行服务平台的方式，占据优势地位，索尼和 7 家出租车公司共同成立的"大家的出租车公司"平台就是一个实例。

⑥ 与社会基础设施相联结（交通系统和能源管理）

今后，汽车将与社会基础设施紧密相连，具体内容将在另外的章节详细说明，在此先做简单的介绍。

在与交通基础设施相互联结的领域，中国的共享出行服务商滴滴出行推出了可以通过车辆的行驶数据和预测数据控制信号灯的项目，这样可以减少交通堵塞的情况。Alphabet 旗下智慧城市子公司 Sidewalk Labs 也宣布将在加拿大多伦多市打造智慧城市。在多伦多的项目中，Sidewalk Labs 积极地规划了交通管理的内容，包括使用需求量较大的出行工具时需支付相应的费用；根据需求将道路用 LED 进行颜色划分，以供行人、自动驾驶汽车和普通汽车分别使用，并根据具体情况及时做调整等内容。

通过利用车辆数据，还可以达到提高社会安全性的效果，车辆的高级驾驶辅助系统和自动驾驶系统中使用到的传感器可以比城市中的监控设备收集到更多生动的影像资料。

在能源管理领域，与 V1G/V2G 系统联结，家庭能源管理系统（Home Energy Management System，HEMS）、建筑能源管理系统（Building Energy Management System，BEMS）以及社区能源管理系统（Community Energy Management System，CEMS）的使用规模也在不断扩大。为了实现能源管理，需要集合充电设备相关的技术方案、EV、蓄电池和自然能源等系统，各系统分别开展能源服务。

以上生态系统的商业化在很多情况下难度较大，这是因为成本的负担者并非最终价值的受益者，企业可以从数据、价值和现金流中把握现有课题和市场需求，基于自身的资产情况，从容易盈利的角度出发，摸索出一条适合自身发展的业务链。

⑦ 满足多样化的需求

在 "CASE" 趋势不断向前发展的时代背景下，汽车行业出现了新用途和新的商业模式，车辆与科技融合的速度也在不断加快。因此，若能构筑可满足多样化需求的商业模式，就能创造出巨大价值。在此将从用户、数据、车辆、服务商几个切口描述未来使用场景的多样化。

用户

上文多次提到，完全自动驾驶技术的发展会使车内空间变得更加私密和自由，人们可以将车内空间变成生活空间、办公空间甚至居住空间。将来，也许人们还可以在车内悠闲地享用早餐，甚至在车内做运动。

另外，未来的移动出行服务可以做到生活和出行的无缝衔接，比如想去购物的时候，你可以在车内预先了解当天的特卖产品，可提前选择商品，甚至可以在车内直接结算。若可以在移动出行的过程中同时做其他有用的事情，那么从周边地区到城市上班的人数也将增多。根据日本交通控股集团总经理川锅一朗的预测，周边地区高速公路出入口附近的地价将会上涨。

这些发生在用户端的汽车使用方式的变化，将推动汽车制造商与提升车内空间价值的家电、办公用品和寝具等领域企业展开合作。今后，汽车将成为使用时间较长的私密的个人空间，将成为像出租车那样的移动出行服务工具，从维持车内空气清新和整洁的角度出发也将有一定的作为。因此，附带净化器的空调设备、可自动进行简单的清洁和杀菌的设备将逐渐增加。另外，与通勤移动出行服务配套的不动产交易也将增加。

数据

通过车载传感器采集到的数据，根据数据类别、特性和目的，其相对应的通信方式及与边缘和云端的联结方式也不尽相同。比如，在难以预测路况的小路上，车辆和行人的危险信息需要毫无延迟地实时与云端及其他车辆相互联结。而交通拥堵、道路施工情况以及车辆的异常数据只需保证在数分钟之内同步即可。另外，形成详细的 3D 地图的海量数据及车辆的预防维修和保养等信息只需在夜间或车辆停止行驶之后同步即可。

车辆

目前的车辆使用方式造成了许多资源的浪费，不管是司机一人使用还是家庭五个人共同使用，都需要运行至少一辆汽车；不管是紧急情况还是一般情况，都需要启动车辆出行。但是，今后汽车的使用方式将趋向合理化，会根据用途进行区分。

比如，大多数情况下，在市区内有短距离出行需求的均为个人，在这种情况下不需要使用大型车辆，只需小型的供个人使用的车辆就能满足出行需求。电动汽车的续航里程较短，因此可在市区内提供出行服务。需求总有高峰时段和低谷时段，只需定期给电动汽车使用的小型电池充电，就能满足个人短距离的出行需求。

另一方面，在距离较长且人数较多的情况下，电动汽车无法满足出行需求，这时应该选择大型动力汽车。如果无须快速行驶，那么汽车制造商之外的企业也可自行开发制造。另外，根据用途的不同，车辆所使用的设备和部件也存在根本性的差异。也就是说，现有的多用途车辆今后将根据用途和使用情况进行区分，以最大限度地发挥车辆的价值。

服务商

提供服务的服务商队伍也将呈现多样化的发展趋势，除了优步和滴滴出行这样的服务行业巨头之外，许多新的市场参与者将进入移动出行服务领域。具有一定顾客基础和地域优势的市场参与者将通过利用服务商这个平台实现对车辆的调度与管理，提供移动出行服务。

比如，未来铁路公司将用可供多人乘坐的机器人巴士来代替通勤公共巴士，实现"门到门"服务。在上述服务中，拥有一定顾客基础的铁路公司可以通过使用像优步这样的移动出行服务商所提供的服务，实现对顾客的统一管理。

一旦建立了服务平台，就会出现站在顾客的角度上来比较这些平台优劣的平台。酒店搜索服务平台 Trivago 便是这样的平台，它将亿客行（Expedia）和好订网（Hotels.com）等酒店预约平台集中起来进行比较，供顾客选择。

如上所述，在"CASE"趋势不断发展的时代背景下，各领域的生产活动和发展方向都将出现巨大的变化，能够抓住变化趋势的市场参与者也许就能创造出新的商业模式。

## 通过与其他企业通力合作，创造出新的价值

上文着重论述了高科技行业正在发生的变化，并具体说明了在"CASE"趋势下获取收益的方式和具体案例。但是，与移动出行领域相关的高科技行业的动向不断发生变化，今后也将继续发生变化，因此各企业需要继续努力预测行业的变化趋势。

面对不断变化且难以预料的未来，各企业需要正面分析可预测的变化趋势、竞争环境、生态系统及自身的资产情况，整合性地开展事业。除了要谋求自身的发展之外，还要与有望成为强劲市场参与者的阵营加强联系，通过购入关键要素，参与行业合作，掌握竞争优势。这一点也尤为重要。

接下来将具体说明企业并购的情况。如图 3-7 所示，近年来，市场上对于汽车零部件制造商的并购案例不断增加。虽然并购并不是最终目的，但是企业有必要关注这样非连续性且影响深远的动作。

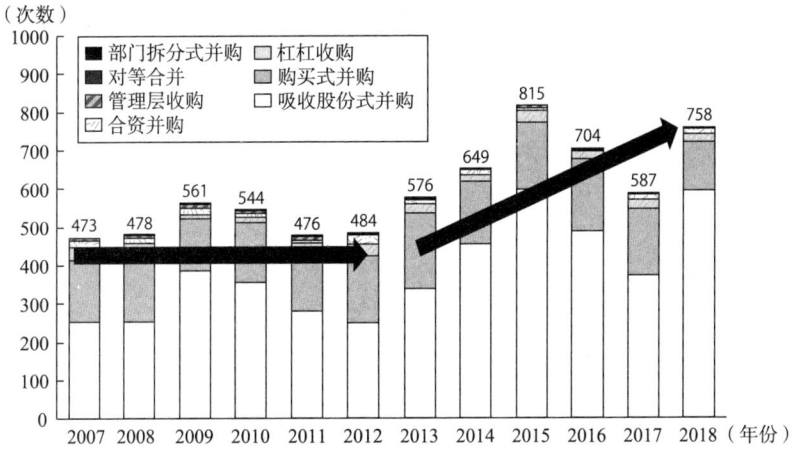

图 3-7　全球汽车零部件制造商的并购次数变化情况
（以汽车零部件制造商为对象的并购次数在 2013 年之后呈现增长趋势）

注：2018 年的数据截至 12 月初。

### 🚗 金融行业：是损失还是获益？

金融的起源可追溯到公元前，从古代到中世纪，全世界经历了从农作物和家畜的物物交换到货币交易的变化过程，并最终催生了"经济"。16世纪，在货币交易处于世界领先地位的欧洲，人类迎来了巨大的变革。1571年，罗马率先确立了财产权，在勒班托海战时期，为了让前往战场的军人安心地将财产放置在家中，罗马在《罗马法》中明确承认了个人财产神圣不可侵犯，个人财产所有权便是现代小额交易金融的起源。财产变成个人所有之后，个人对财产进行管理的概念便根植于人们的日常生活之中，在这个概念的影响下，进行资产管理和推动资产流动的银行业、简化金融资产和非金融资产之间交易的支付行业、发行和流通金融资产的证券行业，以及确保金融资产安全的保险行业等现代金融服务应运而生。

金融机构所提供的服务必须满足人们保护个人财产安全并实现资产增值的需求。如今已深入人心的"资产所有权和资产管理"的概念，可以说是现代金融行业的基础。

现代金融行业的支柱产业在移动3.0时代的影响下有可能进入一个全新的阶段。本节首先将论述金融机构的"移动"变化趋势以及金融行业与"移动"的联系，并在了解金融行业发展动向的基础上，论述金融机构今后该采取的策略。

## 移动 3.0 时代将给损失保险领域带来巨大的影响

有观点认为，金融服务领域中会直接受移动 3.0 时代所影响的便是保险行业，特别是损失保险，这是因为自动驾驶技术缩小了汽车保险的范围。原本，汽车损失保险的内容是在使用汽车的过程中，投保人的车辆由于发生交通事故等造成损失时，由保险公司承担赔偿责任。但是，随着自动驾驶技术的进步，发生事故的概率将大大下降，那么原本的汽车损失保险存在的意义也会相应减弱，保险公司不得不降低保险费用。

除此之外，保险的对象也将发生变化。至今为止，社会普遍认为，汽车事故的责任大多数情况下都在于司机。一旦无人驾驶技术得到普及，事故的责任将被转移到服务商身上。这样一来，个人购买汽车保险的案例将大大减少，而以自动驾驶服务行业从业者和汽车制造商为对象的全新的损失保险将登上历史舞台。在这种情况下，就必须核查自动驾驶汽车发生事故的概率，若能够精准地评估车辆的事故发生率，不仅可以获取事故次数，还能将数据用于评估自动驾驶车辆的开发过程、机械与系统的程序甚至企业的经营活动。

细致的核查可能会使汽车制造商和自动驾驶服务从业者面临经营判断的难题，即要判断是否要向损失保险公司公开公司的机密信息。保险公司必须基于企业提供的信息形成一套全新的事故发生率评估标准和逻辑。

在美国，根据行驶距离和驾驶行为等因素确定车险保费的Telematics 保险正在迅速普及，有观点认为，这一现象也将给传统损失保险市场带来巨大的影响。在车联网保险中，事故发生风险越低的司机可以享受越低的保险费，而经过评估被认定为事故发生风险高的司机则需要缴纳更多的保险费。

以上虽只列举了损失保险的案例，但是从损失保险即可看出产业结构在移动 3.0 时代所发生的变化。为了在移动 3.0 时代抓住新的机遇，在风险逐渐转移和评估不断精细化的背景下，企业有必要加强信息公开的奖励力度并增强分析能力。

### 从金融事业向金融功能转变

支付行业继 ETC 卡之后可能会出现新的变革，企业对顾客电子商务（B2C）也正由售卖物品向售卖服务的方向转变。共享经济的发展将缩小汽车销售的市场规模，根据预测，汽车制造商可能会转变为向顾客提供移动出行、空间、旅行和观光等移动出行服务的服务商。

在上述移动出行服务领域，支付功能必不可少。随着服务功能的多样化发展，为服务支付的次数也将急剧增加，而且支付的范围和标准也会变得模糊不清。为了应对这些变化，在大多数移动出行服务商中将出现高级支付功能的需求，这一阶段所要求的支付功能不再是像信用卡和二维码这样以支付为主的功能，而是即使在非实物交易的情况下也不影响顾客的购物体验，而且可满足复杂的定价规则的支付功能。今后，也许会有许多新的支付功能出现。

以上变化趋势并非只发生在移动出行的相关领域，在现有的支付行业中，也可能出现专门保障顾客在服务领域的购物体验的企业。因此，为了抓住新商机，企业需要同时具备眼力和行动力，即看清消费活动变化背后的市场需求变化的眼力和与相关行业从业者共同解决问题的行动力。正如在损失保险和支付行业的案例中所提到的，所有金融机构都必须意识到在移动 3.0 时代的背景下金融行业所发生的显著变化，即"从金融事业向金融功能"转变。今后，金融机构将不再钻研金融事业,而是钻研金融功能,"如何为顾客提供价值"将变成这个时代的关键课题。

## 移动出行行业和金融行业结合的 6 个方向

虽然银行、证券公司、保险公司和支付服务商都属于金融机构,但是不同的类别与移动出行领域相结合的方式也将不尽相同。美国的金融行业巨头高盛集团(Goldman Sachs)此前推出了线上银行业务,这意味着金融机构开始跨越金融服务的行业界限,开展多样化的服务。下文将分 6 个类别分别介绍金融机构该如何与移动出行领域结合。

### 作为移动出行工具使用

除了人与物之外,若同步联动资本和信息等要素,将会产生怎样的效果呢?车辆的第一种作用就是作为出行和货运工具,除了人、物和移动之外,今后最重要的是联动资本和信息等要素,创造出新的价值,开辟移动出行工具的新方向。

日本汽车的保有率连年下降,这一趋势在年轻群体中尤为显著,随着人口减少和汽车共享服务的出现,日本国内汽车销售市场呈现不断缩小的趋势。另外,随着"CASE"趋势的加速发展,今后汽车单纯作为移动出行工具的价值将不断降低,上述的汽车保险和汽车贷款等汽车相关的金融市场规模也将不断缩小,因此有必要发掘支付功能和分散型信息银行功能等新的可能性领域。

### 作为共享工具使用

共享时代全新的金融方式和服务形态分别是怎样的?通过共享移动出行工具,创造出新的价值。移动出行工具不仅是出行和货运的工具,还能通过与人联结创造出新的价值。

近年来，开始出现共享出行和汽车共享服务。根据预测，到2025年，共享出行的总里程将占世界所有车辆行驶里程的6%，共享服务加速了从"拥有车辆"到"共享车辆"的观念转变，在不久的将来，将开辟出仅在需要的时候使用车辆的新服务市场。需要探讨的是，共享出行除了提高出行的效率之外，还可以衍生出哪些价值。

作为空间使用

车辆拥有作为空间的价值，金融行业应该如何使用车辆空间来创造价值呢？随着数字化和共享经济的发展，车辆逐渐成为居住和办公空间。当我们开始探索车辆作为空间的价值时，若能够创造出像联网汽车那样通过网络将人和物联结起来的世界，那么就有可能发掘出新的市场。

作为资产使用

是否能成为投资对象？这是由自动驾驶技术和电动化的发展创造出来的新方向。目前，虽然数量较少，但仍存在购买货船和飞机资产并将其作为投资对象的人。今后，随着无人驾驶技术的发展，车辆将进一步提高收益，将有越来越多的人会把车辆作为与不动产一样的资产进行投资。

作为传感器使用

从车辆获取的信息会如何改变我们的生活方式和经济模式？这是由自动驾驶技术和共享经济的发展创造出的新方向。车辆将被作为获取信息的工具，用来收集GPS、交通和购物信息等各种数据。需要明确的是，车辆收集到的哪些信息将给目前的生活和经济模式带来怎样的变化。

作为设备使用

能否作为不要求体积和重量的设备创造出价值？车辆不仅可以

作为人们的移动出行工具，还可以作为个人设备被充分利用。如今，以智能手机为首的个人设备都呈现出体积小、重量轻的趋势。尺寸从可以放入背包缩小到可以放入口袋，并最终朝着可佩戴式的方向发展。

但是这个趋势也将产生负面影响，智能手机可以实现与人的实时交流，让我们的生活变得十分方便和舒心。但是，在实时通信技术下我们必须时常保持与他人的联系，也许将来会出现不愿意购买这些设备的人群，他们希望仅在必要的时候、场合通过设备进行联系，也许车辆可以作为这样的设备发挥价值。

从安全性的层面来说，电脑的安全性较高，智能手机的安全性较低。智能手机体积小、重量轻和实时性强等特点的负面作用也许是车辆发挥价值的机会。

接下来，将从金融领域的角度详细介绍 6 个移动工具与金融结合的具体服务内容。

将车辆作为移动出行工具使用

当把车辆作为移动出行工具时，"资本和信息的移动"所带来的附加值将成为被关注的重点。如今，备受关注的 Telematics 保险正是保险公司通过实时收集信息赋予原本产品新价值的尝试。

一般情况下，新车在被购入之后就会加入汽车保险，汽车保险的等级也是提前设定的，每年只会重新评定一次，因此一整年的保险费用基本上不会发生变化。但是在 Telematics 保险中，保险公司可以通过投保人的汽车导航系统、智能手机或专用设备，实时收集投保人的行驶距离和驾驶行为等信息，也许会设定浮动保险费。通常情况下，PAYD（Pay As You Drive，按里程付费）型保险是基于行车里程定价的车险，行驶距离越短保费越低；而 PHYD（Pay

How You Drive，按驾驶方式付费）型保险是基于驾驶行为定价的车险，驾驶行为越安全保险费越低。

对信息的实时收集催生了新的保险形式，即通过将保险费定价标准发送给投保人的方式，让投保人关注每个月的保险费用情况，并控制自身的驾驶行为。Telematics 保险通过信息的移动让保险公司和投保人双方都享受到了巨大利益。

在日常生活中，人和物的移动往往伴随着资本的移动。在已实现车联网技术的移动出行领域，支付服务有望在不久的将来产生巨大的价值。近年，欧美快餐店推出的汽车餐厅的移动支付服务便是其中一个实例，司机可以通过车辆系统率先搜索附近的快餐店，并在车内点餐下单，最后选择到达时间和支付方式，当司机到达快餐店后无须等待即可直接取走食物。除了快餐店之外，还可以从超市选购食品，外出时还可以选择免下车通行的方式领取所选购的物品。将来，移动出行领域支付服务的使用场景将呈现多样化发展趋势，由于车辆本身具有结算功能，从购买、配送、到达和领取，可为顾客提供无缝衔接的服务，营造无缝交互的客户体验。另外，以上方向还可用于下一代 ETC 系统中。

将车辆作为共享工具使用

当将车辆作为共享工具使用时，最为重要的是深入思考共享时代下全新的金融形式和服务模式。

在决算领域，金融机构可提供灵活、方便的费用支付服务，在融资服务中，或许金融机构可以推出为 C2C 汽车共享事业提供资金层面的综合援助的服务。比如，丰田和美国汽车共享初创企业 Getaround 所提供的汽车共享事业融资服务便是其中一个实例。

购置汽车的费用需要支付给汽车制造商，而汽车共享业务的收入属于汽车共享服务商，二者属于不同的金融服务范畴。但是，在共享的商业模式下，通过 Getaround 平台获得的汽车共享服务收入可以用来抵扣从丰田汽车车辆的购置费用。Getaround 平台与购置车辆时的金融服务相互联结，为利用共享服务的用户提供便利。

在 "CASE" 时代背景下，丰田开辟出了一条新的发展道路，通过共享出行工具和金融服务的结合，扩大汽车共享服务市场，获取更大的金融收益。

将车辆作为空间使用

全自动驾驶技术的商业化将使车辆可作为移动空间来使用，增强了车辆作为"移动起居室""移动办公室"的可能性。未来，人们在家中和办公室享受到的一切服务都可以在汽车中得到。

作为金融机构，需要为移动出行领域出现的空间服务提供决算和包括租赁在内的信贷管理服务。特别是需要完善车内支付环境建设，达到不断优化用户体验的效果，时刻满足用户多样化的需求。将来，金融机构还可以通过将车内所有的固定资产变成可变成本来增加收益。

搭载在线支付功能的联网汽车的使用情况和行驶轨迹等数据极有可能将被用于信贷管理，金融机构在使用用户的个人信息时需多加注意。VISA[①] 此前宣布将为联网汽车提供线上支付服务，该服务目前仍处于测试阶段。VISA 将结合顶尖的支付安全、蜂窝网络和无线技术，并在联网汽车上搭载传感器和蓝牙设备，司机只需坐在驾驶座上轻轻点击仪表盘即可完成支付。除此之外，还可轻松且安全地完成车辆向其他设备的支付行为，用户的支付信息将被存储在车

---

① VISA 可译为维萨，是一个信用卡品牌。

辆系统中，随着支付信息的不断积累，服务商可以清晰地分析用户的喜好，从而不断提升各项服务。

将车辆作为资产使用

当将车辆作为资产来使用时，需要考虑的重点是车辆是否能成为像不动产那样产生现金流的投资对象。通用充分利用从车辆上收集到的信息，也许金融机构可以将车辆作为投资对象开发出像不动产实物投资、不动产投资信托（Real Estate Investment Trust，REIT）和资产支持证券（Asset-Backed Securities，ABS）这样的金融产品。

下面将通过 3 个方向的例子进行说明。

第一个方向是对像古典汽车那样本身具有收藏和品鉴价值的汽车进行投资。德国的众多银行就推出了古典汽车的投资项目，推荐客户将古典汽车作为投资对象，由汽车制造商的古典汽车部门和审核专家共同对特定汽车的使用经历和车辆状态进行调查，并发放证明文件。今后，车辆在自动驾驶技术的支持下，设计和性能都将朝着标准化的方向发展；到那时，具有突出性能和特定功能的车辆以及目前我们所使用的车辆都将拥有与古典汽车一样的价值，成为投资对象。

第二个方向是汽车成为投资信托的新领域。所谓投资信托指的是投资信托机构以公开募集或私募的方式发行投资证券，投资者购入证券成为受益人，投资机构须将租金等不动产经营投资过程中产生的现金流收益和不动产买卖收益分配给投资者。随着"CASE"的发展，若在汽车共享服务和信息收集服务上能获得现金流收益，那么车辆就能成为像不动产那样的投资对象。

第三个方向是车辆资产融资。比如上文提到的丰田和美国汽车共享初创企业 Getaround 所提供的汽车共享事业融资服务，是一种以一定资产及现金流收益为偿还保障的投资证券。目前，船舶融资业务已落地，若车辆能够在将来的使用过程中产生现金流，那么也将成为投资对象。

将车辆作为传感器使用

将车辆作为传感器使用指的是将 GPS、交通信息和交易信息等通过传感器收集到的信息用于金融服务，还可以从这些信息对社会生产和生活活动的效用方面思考。

金融机构可以将收集到的信息用于保险评定和信贷审核，比如上文提到的 Telematics 保险就有车辆的保险评定用途。美国众多保险公司，比如前进保险公司、州立农业保险公司和全国普通保险公司都通过收集行驶距离、速度和时段等信息，根据驾驶行为测算保险费用。除了上述信息之外，日本的保险公司 CIS 和意大利的保险公司 Insure the Box 还通过 GPS 收集车辆的位置信息，将超速行驶行为和危险路段的行驶次数等信息一并纳入保险费测算范围。

随着 Telematics 保险的普及，保险公司得以将风险控制在合理的范围内，投保者也可大大减少保险费支出，从社会层面来说，Telematics 保险将加快渗透安全驾驶意识，降低事故发生率。

西京银行和风险投资公司 Global Mobility Service（简称 GMS）此前展开合作，通过 GMS 开发的车载物联网传感器系统——Mobility Cloud Connecting System（简称 MCCS）收集信息，并利用信息开展车辆贷款业务。MCCS 可以通过 GPS 收集车辆的位置信息，并远程控制汽车的发动机，若贷款人未及时还款，西京银行可以通过车辆搭载的 MCCS 远程控制车辆，催促贷款人及时还款。

通过以上方式，金融机构将建立全新的信贷管理模式，在进行信用审核时，除了贷款者的基本信息之外，还可以将车辆通过传感器收集到的信息作为判断依据。随着信贷管理业务水平的不断提升，可享受贷款服务的人将逐渐增多，过去无法使用汽车贷款的人也可通过贷款购买车辆。

将车辆作为设备使用

车辆的设备功能就是将车辆作为智能手机那样的个人移动终端设备来使用。智能手机虽然便携性极好，但是安全性问题和始终处于联网状态是智能手机的弊端。为了让手机更加便携，智能手机正朝着小型化和轻型化发展，但是手机中搭载的演算处理装置和电脑中的相比性能较低，这也是手机面临的一大问题。

当将车辆作为设备使用，就无须因便携性问题而追求小型化，联网汽车无须考虑大小，可以搭载各种设备。

router sharing 指的是利用搭载在车辆上的路由器设备进行认证和数据采集的功能。虚拟货币蘑菇币的商业模式就是这个领域的先行者，在接入蘑菇公司的生态系统之后，家用路由器会利用闲置的时间采集数据，赚取蘑菇币。借鉴使用上述商业模式，可以通过开放搭载在联网汽车上的路由器来采集数据赚取蘑菇币，通过将车辆作为认证设备创造新的事业机会。

将车辆作为移动设备使用，还可以参考智能手机的商业模式。通过浮动收费和固定费用的方式开展服务。比如可以提供"每月支付固定费用即可使用车辆"的服务、"计算车检维修和保养费、赔付保险和车辆购置税等，设定一个固定费用，支付费用即可使用车辆"的服务、"安全驾驶可以获取积分和联票奖励"的服务和"通过智能手机收集联网汽车的信息"的服务。虽然服务方式和智能手机一样，但是只有进入车辆成为主流设备的时代，这些服务才有实现的可能性。

## 移动工具和金融相结合的未来

上述服务都有望在不远的将来实现，在此需要关注的是，在各项服务中金融机构所发挥的作用。以上各项服务有一个共同点，那就是在服务中，金融机构都充分利用了通过科技手段获取到的车辆信息，比如赋予车辆信息新的价值，或者以车辆信息为基础，将车辆变成全新的商品和服务。

在发展以上各项业务的过程中，最为重要的是不让顾客意识到自己所享受的服务属于金融范畴。一般来说，顾客都不会自愿享受金融产品和服务，但是从另一方面来说，我们的生活处处都涉及金融，换句话说，金融支撑着我们生活的方方面面，在我们看不见和意识不到的地方都有金融的存在。

今后，金融机构将逐渐脱离固化的服务模式，与目前已出现的车辆等各种需求相融合，进一步提升自身的服务能力。在车辆和金融相互结合的过程中，最为重要的两点就是无意识的合作和利用信息提升附加值。

以上移动工具与金融结合的 6 个服务方向对所有的金融机构来说都是难得的机遇，通过有机结合，还可以创造出更多的价值。

## 移动出行领域的三大发展趋势

上述移动出行工具的 6 个发展方向对于金融机构来说蕴含着许多机会。那么这些发展方向究竟蕴含着怎样的发展机会呢？要想抓住这些机会的要点，就需要弄清 6 个发展方向之间的关联性。在此将通过支付领域信贷管理的未来发展趋势进行说明。

目前，银行和支付行业从业者大多都是通过还款能力、还款资质和还款担保3个方面进行信贷审查的。这些信息都是贷款申请人提供的信息。今后，金融机构将采用多维度还款评估的方式进行信贷审查。所谓多维度还款评估指的是将性格、生活习惯和职业生涯规划等信息都纳入信贷评估范围，进一步评估通过申请人提供的信息无法评估的其他要素，像企业对员工进行360度的评估那样提高信贷评估的准确度，形成精确的信贷评估模式。

获得贷款申请人的其他信息将扩大事业的发展范畴。比如，申请人在社交媒体上拥有众多朋友的信息，可以作为信用评估的加分项，因为人脉资源较广的人可能会成为优质的信贷人。领英和脸书等可开发客户资源的特定平台拥有从普通企业无法获取的信息，或许也可以成为信用评估参考。

总而言之，将车辆作为传感器或者设备来使用时，将产生各种各样的信息，获取信息的能力和利用信息发展业务的能力将成为未来的关键点。举个简单的例子，越遵守交通规则的司机越有可能遵守还款期限。

以上从车辆收集到的信息，将在金融领域形成怎样的潮流呢？可以着重从3个方面进行思考。

加速对信息孤岛的整合

随着各个领域信息化的发展，世界将进入难以将各类信息进行整合的状态，就是所谓的信息孤岛状态，而另一方面，对信息整合的需求也将空前高涨。

随着移动出行领域技术的发展，我们可以从该领域获取数量庞大且种类多样化的信息。在这种情况下，旧有的信息分析和加工方式也许无法满足现有的要求，而能将所有信息有序分类和整合的先进技术也并非立刻就能出现。

所谓数据湖（Data Lake）指的是取代现有的关系数据库（relational database）的新型数据存储架构。不管是结构化数据还是非结构化数据都被统一存储于数据湖中，在必要的时候可以对所存储的内容进行横向搜索和横向参考。虽然，目前由于可获取的信息有限还无法充分利用整合技术，但是可以通过人为思考的方式进行完善，并将结果用于市场经营活动中。随着信息感知技术的发展，信息整合技术也将得到进一步的发展，

在发展信息整合技术的过程中，除了要优先发展云端技术这样的数据储存库，还要设计信息的储存方式，这是对尚未完善的信息整合技术最有效的补充手段。

下文将基于移动工具和传感器及设备相结合的方式，探讨具体的应用场景。假设，将某搭载有数据通信模块（Data Communication Module，DCM）的车作为移动出行工具使用，当顾客乘车并在道路上行驶时，车就发挥了获取各类信息的传感器功能。当我们将移动工具作为像智能手机那样拥有顾客接触点的移动设备来使用时，将进入另一个世界，在这个世界中，移动工具的空间也将设备化，支撑着日常生活的方方面面。

随着技术的进一步发展，移动设备之间相连，当我们乘车出行时，车会自动将我们送到目的地，并将过程中的体验形成数据进行储存。若目的地为餐厅，顾客在这家餐厅的就餐体验和评价都会被记录在移动工具系统中，所有的信息通过移动设备集中在设备群中。另外，与个人相关的各个时间点的信息也会被储存在系统中，比如目的地的天气情况、车辆在行驶过程中所播放的音乐等。因此，今

后只要按照时间节点排列数据，就能实现数据之间的连续性，让处于离散状态的数据变成具备连续性的长数据。

通用电气公司就计划将数据湖技术应用于商业经营中。在工业互联网（Industrial Internet）策略的引导下，通用电气公司利用信息通信技术来提高生产效率和减少成本支出。数据湖是工业互联网中的重要一环，已被运用在数据已达到TB[①]规模的航空领域，对飞机的飞行数据进行管理和分析，这一新型数据存储架构大大改变了数据的管理方式。

原始信息的单位较小，难以进行处理，因此，如何将信息进行整合将成为关键。通用电气公司的重点研究方向也是信息的存储方式。可以确定的是，信息整合技术将有助于对分散的信息进行有效利用。

将分散化的数据有效整合的技术也是金融机构今后的发展趋势之一。

无人化处理技术的发展

无人化处理技术指的是无须人为介入就可以快速处理大量数据的技术。随着移动出行领域机器人技术和自动化技术的不断发展，从大量信息中甄别出重要信息和用户认证的重要性将进一步增强。

除了制造移动工具和机器人的企业之外，其他企业若想进一步优化机器进行信息取舍和个人信息认证的功能，就需要深入研究收集数据的时间和方法。在此，笔者将结合车辆作为共享工具、空间和传感器的功能探讨具体的使用案例。这一使用案例的前提是车辆已具备自动驾驶和共享功能。另外，在此设定中，对于人类来说，

① 1TB=1024GB=$2^{40}$ 字节。

车辆具有空间使用价值。也许车辆用于货运的例子相对通俗易懂。

在不远的将来，将实现无须人为介入的物流管理技术，机器可以通过传感器处理数据和物品。比如，实现自动驾驶的移动工具不仅可以发挥客运功能，同时还可以运送同一目的地的货物。同一移动工具上将同时具备客运空间和货运空间（小型集装箱），通过人和物共享自动驾驶移动工具的方式，提高移动工具的运行效率。

搭载先进传感器的移动工具还可以实现机器与机器之间的交互（Machine to Machine，M2M），包括支付等在内的信息处理也都不需要人为操作。在这种情况下，物流和汽车行业之外的其他行业该如何实现无人化的信息处理呢？

在此我们将参考两个具体实例。第一个是美国从事卫星数据分析的初创公司 Orbital Insight 的商业模式。该公司从图像供应商处购入大量的卫星、气球和无人机等设备拍摄到的图像数据，在对这些数据进行专业的分析之后，将分析结果出售给合作企业。从卫星图像中可以读取车辆、建筑物、土地利用情况、气象和植被等各种信息，这些信息可用于旱灾预测和测算原油库存等。

Orbital Insight 通过人工智能领域的机器学习和深度学习功能对卫星图像进行分析，并将分析结果提供给想要掌握特定社会发展趋势的 60 家以上的企业和政府相关部门，以此获取收益。轨道卫星和无人机会自动拍摄大量图像信息，不需要人的参与，Orbital Insight 在这个过程中扮演了"搬运工"的角色，他们将大量有用的原始图像和视频信息进行处理，提供给想要利用这些信息开展业务的企业和政府部门。Orbital Insight 抓住了数据传达到使用者之前的时机，盘活了公司资产。

第二个例子是英国初创保险公司 Neos 所创造出来的新型商业模式。该公司为提供传感设备的第三方公司开放智能家居平台，从而掌握用户的日常生活数据。比如，通过监测某个家庭照明开关的启动和关闭时间，掌握这家人的日常生活和行为模式。另外，还可以在安全领域发挥作用，通过人体生物特征识别技术将人体的生物特征用来进行门、家电产品和车辆等的身份验证。通过这样的方式可以收集大量的用户数据，以用于公司产品的研发和其他经营活动之中。

Orbital Insight 和 Neos 案例的共同特点是，在收集信息的过程中不需要人为介入，可以以最快的速度收集大量的数据。Orbital Insight 和 Neos 可以优先获取机器之间交互的数据，并将其用于其他的经营活动中。

将来，移动出行领域的机器间的信息交换也将不断发展。以上经营模式为金融机构提供了可参考的发展模式。金融机构必须尽可能地占据主导地位，率先对通过移动工具收集到的数据进行处理，换言之，必须成为信息的提供者而非使用者。金融机构必须与移动出行服务商通力合作，尽可能地占据无人信息处理的核心位置，这将极大地影响金融机构今后的价值。

### 数据渗透的进步

上述公司通过先进的技术实现信息收集的商业化，实现了自身业务的长期可持续发展。随着上述无人化处理技术的发展，这将成为所有商业领域的必然趋势。

不管是过去还是现在，能够迅速实现数据商业化的企业将在市场竞争中获得胜利，这是亘古不变的规律。如今，不管是制造业还是 IT 行业的技术研发都朝着小型化和高速化的方向发展，加快建立基于数据的假设和验证系统将成为关键。

不难想象，今后也会不断出现由于未掌握分析和利用大数据的方法而陷入困难的企业，即便在今日，为大数据的使用而苦恼的企业也不在少数。在这种时代背景下，金融机构登上大数据的舞台，积极与其他企业合作，从金融机构的角度出发实现信息的商业化，并将信息有效地传达给合作伙伴。在这个过程中，需要结合车辆作为资产、传感器和设备使用的情况，分析金融机构所发挥的作用。

安装了数据通信模块的车辆可以收集所有的信息，因此车辆拥有作为信息储存设备的资产价值。比如，汽车共享服务商可以开展"信息银行"业务，出售通过车辆收集到的数据。同时，还可以将车辆作为拥有较高信息价值的投资资产，开展将车辆所有权部分证券化的金融模式。

金融机构要牢牢掌握上述事业的主动权。在此介绍一个具体实例，美国提供按里程付费保险服务的公司 Metromile 和法国大型轮胎制造商米其林展开合作，共同推出"轮胎即服务"的轮胎租赁服务，根据行驶千米数进行收费。在合作中，Metromile 为米其林提供 Telematics 保险的信息收集技术和保险模式。这里需要关注的是，通过这个合作不仅可以获取轮胎旋转次数，还实现了根据轮胎的使用情况和损耗情况收取费用的商业模式。通过和金融机构合作，米其林不仅增加了轮胎的销售方式，而且获得了可以产生稳定现金流的商业模式。

今后，能否积极渗透到信息商业模式中将变得越发重要，金融机构原本的经营模式就是通过提供信息服务获取收益，因此金融机构有望凭借自身积累的信息应用能力和商业模式改革能力，创造出更多的价值。

## 移动 3.0 时代对于金融机构来说也是机遇

上述提到的移动出行领域发展的三大趋势，即加速对信息孤岛的整合、无人化处理技术的发展和数据渗透的进步即将成为现实。这三大发展潮流将进一步推动金融机构"从事业到功能"的转变。

本章开头提到，从 16 世纪罗马在《罗马法》中明确承认了个人财产的合法性，到今日金融机构一直按照固有的商业模式的发展，资本主义的发展为金融行业带来了许多事业机会。换句话说，金融机构一直依附于过去形成的商业模式，自身缺乏建立新型商业模式的创造力。

今后，金融机构应采取怎样的战略方式呢？明确地说，今后金融机构需要致力成为新时代的"炼金术士"。数字化时代的"炼金术"指的是通过科学技术获取信息，利用信息建立新型商业模式。目前，已在不同领域崭露头角的金融机构都是通过这一"炼金术"实现发展的。这些金融机构普遍采取的方式是，利用先进技术收集数据，在必要的时候与其他企业开展合作，通过将数据变成有用的信息来获取收益。

新时代的"炼金术"有 3 个关键要素，简称为"3C"：使用先进技术收集数据（Capture），将数据变成有用的信息（Convert），利用信息建立商业模式（Construct）。

要想成为成功的"炼金术士"，以上三要素缺一不可。这是因为只有切实掌握了建立商业模式的整个过程，才能形成不易被其他企业模仿的差异性。

金融机构的主要业务是提供与财产相关的无形服务，一直以来，金融机构都走在信息产业的前端。但是，随着通信技术的发展，金融机构逐渐被通信行业从业者夺去了一部分市场，最后甚至连信息都被夺去。金融机构最擅长的就是"钱生钱",若能通过先进技术获取信息,那么将有望夺回信息领域的霸主地位。

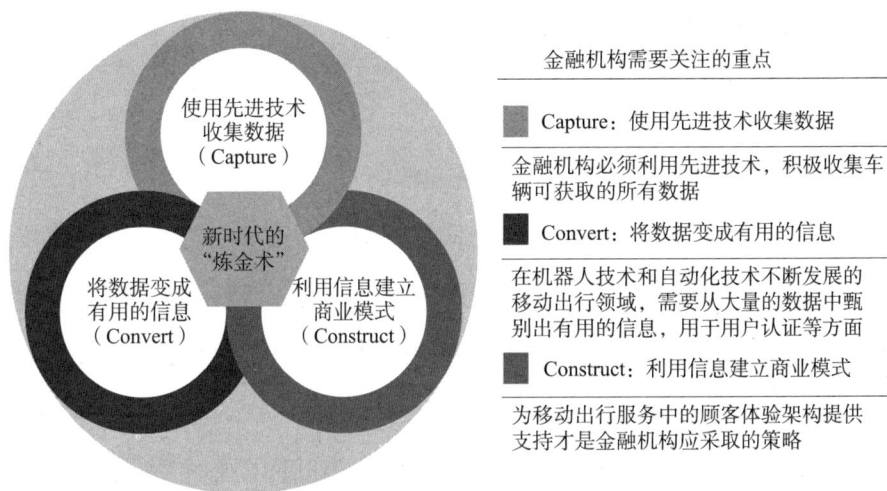

金融机构需要关注的重点

■ Capture:使用先进技术收集数据

金融机构必须利用先进技术,积极收集车辆可获取的所有数据

■ Convert:将数据变成有用的信息

在机器人技术和自动化技术不断发展的移动出行领域,需要从大量的数据中甄别出有用的信息,用于用户认证等方面

■ Construct:利用信息建立商业模式

为移动出行服务中的顾客体验架构提供支持才是金融机构应采取的策略

**图 3-8 移动 3.0 时代金融机构必须具备的三要素**

金融无非就是让资产流通起来,为了使人与人、企业与企业之间的金钱交易变得便捷,金融机构在不断地进行交易方式的革新。今后,金融机构应采取的策略是为移动出行服务中的顾客体验架构提供支持。

金融机构必须将移动 3.0 时代视为难得的发展机遇,这是极为重要的。聚集各类信息的车辆拥有更多可能性,这些信息对金融机构来说,是进一步扩大事业规模的"试金石"。

### 🚗 能源行业：是机遇还是挑战？

2018 年 7 月，日本琦玉县熊谷市的最高气温达到 41.1 摄氏度，刷新了日本国内的最高监测值，对此，日本气象厅发表说明："从长期来看，全球气候变暖的影响将逐步显现。"有越来越多的人切实感受到了全球气候变暖所带来的气候变化的影响。气象观测结果也表明，世界范围内均观测到了平均气温上升、冰雪融化和海平面上升的趋势，防止全球气候变暖已成为全人类共同面临的课题。

1992 年，联合国政府谈判委员会就气候变化问题达成了《联合国气候变化框架公约》（United Nations Framework Convention on Climate Change），其目的是稳定大气中温室气体的浓度。自 1995 年以来，《联合国气候变化框架公约》的缔约方会议（Conferences of the Parties，COP）每年召开一次。在上述研究成果的基础上，《联合国气候变化框架公约》第 21 次缔约方会议通过了《巴黎协议》，为控制全球气温和温室气体排放设定了一系列目标。

为了实现《巴黎协议》制定的目标，能源行业转型发展的可行方向之一是推动无碳化发电和电动化布局的同步发展。具体措施包括普及使用可再生能源，用可再生能源取代化石燃料作为汽车主要动力来源，即推动汽车的电动化发展等，以此实现无碳化的目标。

但是，由于可再生能源的发电量受气候影响较大，一旦普及使用将难以确保供电品质。比如，太阳能发电和风力发电的发电量因天气、风向等条件而波动，一旦普及使用将难以保持电力供需平衡。

蓄电池可以有效解决以上可再生能源发电的局限性的问题，虽然目前蓄电池还未得到普及使用，但若能源行业从业者能够有效使用电动汽车的蓄电池，不仅可以在一定程度上缓解可再生能源发电量不稳定的问题，还可以推动无碳化发电的发展。

下文将结合欧美各国的动向，阐述今后移动出行领域技术的发展将给能源产业带来的影响。

## 制定全球气候变化的对策

上文提到，2016 年《联合国气候变化框架公约》第 21 次缔约方会议通过了《巴黎协议》，这被认为是继 1997 年《京都议定书》之后，国际社会在应对全球气候变化方面达成的最重要的国际协议。《巴黎协议》的长远目标是"把全球平均气温较工业化前水平升高控制在 2 摄氏度之内"，并且"在 21 世纪后半期实现人类活动排放与自然吸收之间的平衡"。本协议于 2016 年 11 月正式生效，截至 2018 年 10 月已有 182 个缔约国批准本协议，且共有 195 个国家和地区已签署本协议。

日本政府根据《巴黎协议》制定了"到 2030 年温室气体排放量比 2013 年降低 26%，最终实现到 2050 年减排 80%"的目标。

为了实现这一长远目标，日本对各项脱碳技术进行了深入的研究，比如通过利用二氧化碳回收贮存技术实现化石燃料的脱碳化，还有大型原子炉的超长期运转，以及开发小型原子炉等。日本有望在减少二氧化碳排放的技术研究过程中，推动环境友好型无碳化发电技术的发展，促进可再生能源的普及使用。

### 世界各国为实现无碳化运输所采取的动向

根据相关统计，运输行业的二氧化碳排放量已占全球温室气体排放总量的 1/4 左右。因此，除了推动热源机器的电动化（比如将电磁感应加热技术应用于料理器具上）之外，还需要推动汽油车等直接通过化石燃料驱动的运输机器的电动化，即推动电动汽车的普及。

世界各国都在推进运输行业的无碳化发展，欧美各国发表了各自设定的发展目标和对能源产业的发展预测。日本也制定了普及电动汽车的目标，到 2030 年，将电动汽车（包括插电式混合动力车）在新车销量中的占比提高至 20%—30% 以上。

英国于 2017 年 10 月针对运输部门制定了一份《绿色发展战略》，其中包括"从 2040 年起禁止销售汽油车和柴油汽车""投入 10 亿英镑用于支持引进超低排放车辆""投入 8 亿 4100 万英镑用于低碳运输相关技术的研发"和"建设世界最先进的电动汽车充电基础设施网"等方针。

美国则公布了《2050 深度脱碳战略》，提出了"到 2050 年，二氧化碳排放量比 2005 年减少 80%"的目标。为了实现以上目标，美国采取了增加可再生能源及核能机组等零排放机组的措施。根据美国运输部门的预测，到 2050 年，美国零排放汽车的行驶距离将占所有汽车行驶距离的 60% 左右。

从上述各国的动向可知，目前全球正在快速推动运输行业的无碳化和移动出行领域的电动化发展，为了实现无碳化社会，各国正着眼于通过可再生能源实现无碳化发电。

但在使用可再生能源的过程中，能源行业面临着 3 个重要问题。

在实现无碳化发电的过程中，可再生能源受到了前所未有的关注。根据相关统计，2017年，日本国内可再生能源发电量占总发电量的约15%。在长期能源基本计划中，可再生能源已被定义为主要的电源之一，日本计划到2030年将可再生能源在电源结构中的占比提升到22%—24%左右。

发电必定需要能源。风力和太阳能等可再生能源的平均能源成本（levelized cost of energy，LCOE）远低于其他能源，若能够使用借助自然的力量发出的电量，对于国民经济和环境来说无疑都是最好的方式。因此，很多人认为加大力度普及使用可再生能源即可，但是普及使用可再生能源并非易事。在此将针对使用可再生能源过程中面临的3个问题进行说明。

问题1：无法调整电力系统的供需平衡。

在本节开头也稍有提及，在发电过程中必须通过对供需的精细化调整，使电力系统保持"同时同量"状态。这是因为产生电量和消耗电量是同步进行的，而且电量基本上无法存储。若无法维持电网系统的"同时同量"状态，一旦出现供需不平衡的情况就会导致系统频率偏离额定值，最坏的结果是造成大规模停电。在火力发电和水力发电的过程中，可以通过精细化的调整，实现电网系统的供需平衡。

也就是说，火力发电站不仅可以发电，还可发挥调整供需的功能。可再生能源发电站除了太阳光和风力等自然的能量之外，还需具备供需调节能力才能取代火力发电站的功能。但是，自然的能量不具备像火力发电那样精细的调节能力，因此，无法将发电结构中的所有方式都替换成受自然环境影响较大的可再生能源，现状是必须留下一部分火力发电厂。

　　当然，也并非完全没有可调节风力发电和太阳能发电的技术。在风力发电的过程中，调整风车叶片的方向可以起到一部分调节作用，在太阳能发电的过程中也可以通过停止发电的方式来调整。但是目前很难实现精细化的调整以达到"同时同量"状态。我们对受自然环境影响较大的可再生能源的依赖程度越高，就越难以维持系统平衡，最终会造成停电。

　　问题2：接入电力系统的过程中存在制约因素。

　　与电力系统的联结已成为可再生能源的发展瓶颈。太阳能发电设施一般会建在日照充足的地方，风力发电设施一般会建在风量较大的地方，而现有的电力系统建设并不会考虑是否适合建设可再生能源发电设施。最好的情况是可再生能源发电设施建设在有用电需求的地方，若将可再生能源发电站建在无用电需求的地方，那么就需要增设电力系统或将输电线加粗，这样在一定程度上增加了发电成本。

　　问题3：引起电能逆向流动。

　　一般情况下，电力的消费过程是发电厂进行大规模发电并通过输电线将电能传送给消费者。在此先简单介绍电的基础知识，电流会从电压较高的地方流向电压较低的地方，相信许多人都见过进行输配电操作的变电所吧。变电所的功能是将从发电所传输过来的电流的电压降低，再将电流传送到住宅和商业大楼等。电线杆上也有变压器，这些变压器能进一步降低电压。

　　在传送的过程中，电流的电压会不断降低，传送得越远，电压就越低。在将电流从发电所传送到变电所，再从变电所传送到电线杆，最后从电线杆传送到建筑物的过程中，电压会逐渐变小。因此从变电所将电传送到更远的地方时，必须在中途提高电压。

但是，若在家庭中使用太阳能发出的电，各家各户自己供电会使电压处于高压状态（图3-9）。电原本应该通过电线杆传送到各家各户，但太阳能发电会使各家各户的电压偏高，电流会逆向流动。虽然有调节电压的机器，但是一直以来电流都是从高压到低压单向流动的，很难对此进行精细的控制。

目前，可再生能源电能逆流问题已成为全世界面临的共同课题，要想实现可再生能源的普及使用，必须重新考虑电力系统的结构。

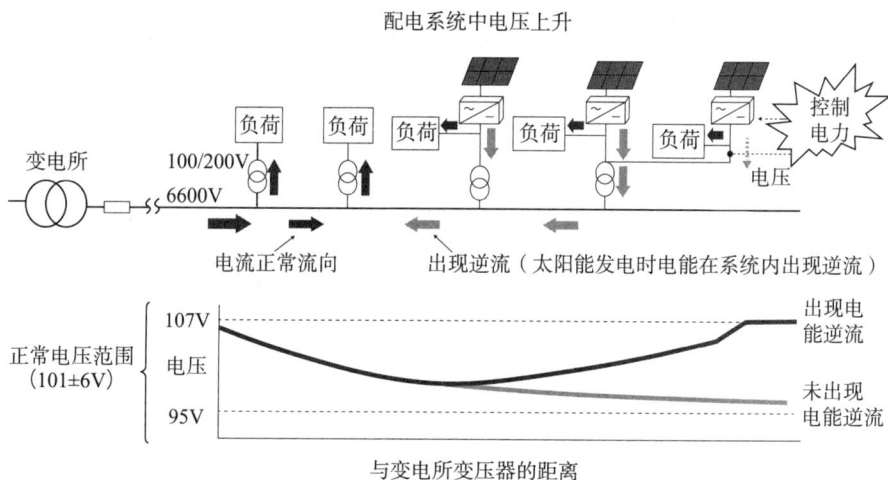

图 3-9 可再生能源发电的配电系统电压上升（逆流）图

## 能源行业的课题给社会带来的影响

那么，在实际大规模使用可再生能源的过程中，会出现怎样的情况呢?

日本九州电力公司从2018年10月在九州地区实施控制太阳发电设备发电量的措施。九州地区的可再生能源异常丰富，当地的太阳能发电技术在世界范围内也属于领先水平。

　　如上所述，若受自然环境影响较大的太阳能发电设备过多，在电力消耗较低的春季和秋季日间时段，供应电量将超过需求电量，供需失衡将有可能造成停电。为了维持电力系统供需平衡，目前不得不控制太阳能的发电量。

　　九州电力公司抵制使用火力发电，通过结合抽水式发电的方式来调整供需平衡，即在日间利用太阳能发电的电力抽水，在晚间利用抽上来的水发电的方式。但是，即便九州电力公司对发电量进行了调节，根据预测还是将产生 62 万千瓦时的残余电量，因此九州电力公司连续两天采取了控制发电量的措施。今后，在大型节假日和年末等用电需求较低的时候，九州电力公司也有较大的可能性采取控制发电量的措施。频繁控制发电量会影响太阳能发电行业从业者的收益，或许水力发电今后会成为可再生能源发电的主力军。

　　目前，印度可再生能源发电量占总发电量的比重已超过 30%。2011 年，印度可再生能源总发电量约为 1000 亿千瓦时，印度对其中 4 亿千瓦时以风力发电为主的电量实施了出力控制措施。2011 年，印度在控制发电量上花费了 3000 万欧元，新能源发电行业从业者的损失最终被转嫁到了消费者身上；2014 年之后，印度出力控制电量急剧增加；2016 年，总发电量为 1800 亿千瓦时，其中控制发电量为 37 亿千瓦时，用于控制发电的成本支出为 6 亿 5000 万欧元，为 2011 年的 20 倍以上。

　　2016 年，澳大利亚南澳州 ① 以风力发电为主的可再生能源的发电量已占总发电量的 41%，由于无法及时对电力需求的变化进行调整，南澳洲也发生了数次停电事件。

---

　　① 南澳州是南澳大利亚州的简称。

## 蓄电池可解决在使用可再生能源中面临的问题

我们该如何解决供需调整、系统连接限制和电压等问题呢？供需调整需要使用可存取电量的设备，人们在需要的时候用电，在不需要的时候将电能储存起来。另外还需要不受发电设备选址影响，随时随地都能正常使用电能。搭载在电动汽车上的蓄电池便是可满足上述条件的设备。

蓄电池可提前储存电能，在需要的时候使用，或许蓄电池可以替代火力发电机组的调节功能。使用蓄电池可以将多余的电量进行储存，在其他时间加以利用，甚至还可以将储存的电量出售。比如，若能将日间太阳能发电设备所发出的过量电量用来补充夜间的电量，那就无须在夜间启动火力发电所，而且在使用的过程中不会产生温室气体。而且，我们可以将蓄电池广泛应用于可再生能源发电领域。

但是，生产蓄电池的成本还比较高，因此家庭配备蓄电池的情况也并不常见。但若购入电动汽车，不仅可以将电动汽车作为出行工具使用，还可以将搭载在车内的蓄电池与电力系统相连加以利用，这种利用方式将推动可再生能源的普及使用。

因此，能源产业要想解决在使用可再生能源时面临的问题，可以从被称为"移动蓄电池"的电动汽车上寻找答案。

## 电动汽车能否改变能源产业

电动汽车不仅可以作为出行工具使用，还可以作为储存电能的储存设备使用。日本经济新闻出版社 2017 年出版的《Utility3.0：2050 年日本能源产业构想》一书，提到了以下模拟实验结果。

假设电动汽车蓄电池中 3%—50% 的容量可以供供电系统方自

由使用，且分布式可再生能源所发出的剩余电量可存储在车载蓄电池中。在此基础上，假设可选择在合适的时机输送电量，或者将电量作为车辆的动力使用，那么只要日本车载蓄电池蓄电容量的 20% 可供自由使用，就无须进行分布式能源的出力控制。

随着电动汽车数量的增加，可使用的蓄电池的数量也将增加，蓄电池将提高大规模发电设备的使用效率。在非用电高峰期通过火力发电所等大规模发电设备充电，在用电高峰期放出储存的电量，可替代大规模发电设备在用电高峰期所发挥的供电能力。

根据测算，2025 年，日本最大电力需求将达到 2 亿 3000 万千瓦。假设届时日本全国共有 4000 万台电动车，蓄电池容量的 50% 可以由供电系统方自由使用，那么蓄电池将可提供将近一半的电量（图 3-10 和图 3-11 ）。

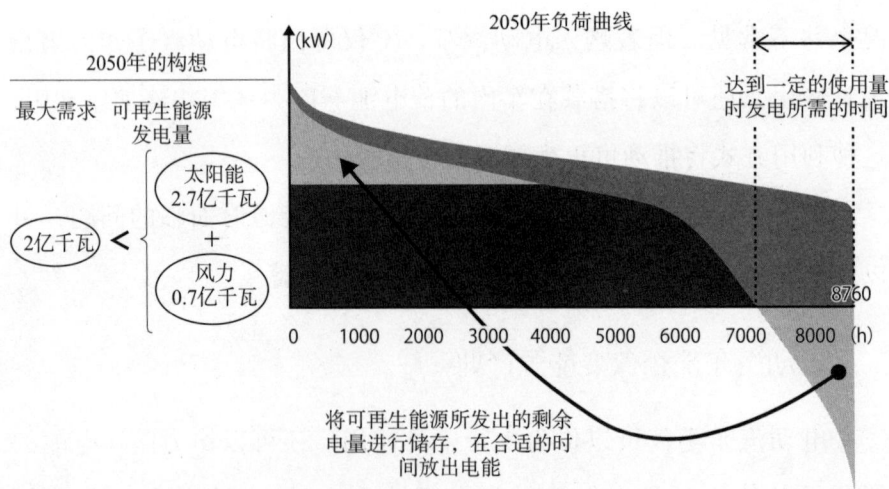

图 3-10　促进可再生能源电能普及使用的蓄电技术

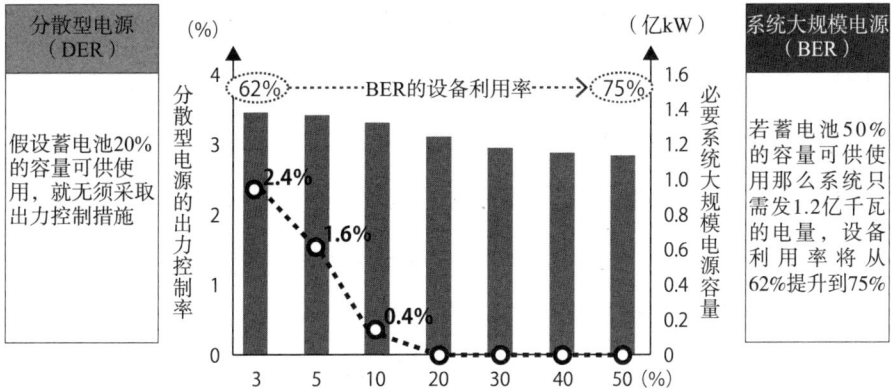

| 分散型电源（DER） | | 系统大规模电源（BER） |
| --- | --- | --- |
| 假设蓄电池20%的容量可供使用，就无须采取出力控制措施 | | 若蓄电池50%的容量可供使用那么系统只需发1.2亿千瓦的电量，设备利用率将从62%提升到75% |

图 3-11　电气行业可使用的电动汽车蓄电池容量比例和使用电动汽车蓄电池的效果

　　但是，若要通过联结输配电系统和电动汽车发挥调整作用，必须确保在合适的时间进行充电和放电操作，而且必须实现自动控制。在充电和送电时，人为操作无法确保系统稳定。为了不依赖人为调整，最理想的方式是推动非接触式充电送电技术的落地。非接触式充电送电技术与自动驾驶技术息息相关。

　　上文对发电和蓄电过程池等电力系统组成部分进行了详细的介绍，相信读者朋友已充分了解移动出行生态系统将在电力系统的未来发展中发挥举足轻重的作用。下文将着重介绍当电力系统和移动出行生态系统结合之后会出现的新事业机会。

## 机会之一：减少日常电费支出

　　电动汽车所属的移动出行生态系统的价值产业链主要有电量交易、充电放电、停车、行驶和移动出行服务。下文将着重分析在与电力系统息息相关的电量交易和充电放电两个领域出现的新事业机会，具体形式为 V2H/V2B 和 V1G/V2G。

　　首先，从与充电放电相关的 V2H/V2B 开始介绍。

V2H 即电动汽车与住宅的互联。在用电低峰期为电动汽车的蓄电池充电，或者通过可再生能源发出的电量给电动汽车蓄电池充电，在用电高峰期将储存的电量用于家庭日常用电，这是一种通过充电时段和用电时段的电费差价来减少电费支出的商业模式。

V2B 即电动汽车与建筑物的互联。在用电高峰期办公大楼和公寓等场所的电量需求较多，可以在电量需求达到顶峰之前提前给电动汽车充电，通过减少用电高峰期的用电量来减少电费支出。

这些新型经济概念已经萌芽，日本已在相关项目中证实，通过利用电动汽车可以达到减少用电高峰期的用电量的效果。

截至 2017 年 7 月，日产推出的搭载"LEAF to Home"V2H 供电系统的聆风电动汽车已在日本本土售出 6800 多辆，占日本整年电动汽车销售总量的 5% 左右。也就是说，有相当一部分人已拥有 V2H 系统。在将 V2H 系统用于减少电费支出或作为备用电源时，消费者渐渐意识到了 V2H 系统的优点。

近年，汽车制造商和能源行业从业者不断推进 V2B 试验，提升办公大楼的电力使用效率。比如三菱推出了混合动力车欧蓝德 PHEV。日立推出了 V2X 充电器，这是首款既能为电动汽车充电，也能将电量传输回建筑物或电网的充电器。世界排名第二的法国能源企业 Engie 则利用 V2X 充电器，将电动汽车内的电池联结至建筑物的能源供应系统中，并将其与太阳能电池板或智能电网中的其他可再生能源进行集成。

那么，在公寓中的家庭和办公楼的职员使用个人所有的电动汽车进行充放电时，如何处理充电放电操作过程中伴随的电动汽车蓄电池性能老化的问题呢？为了解决这个问题，将来可能会以企业拥有的车辆为主开展充放电服务。

通过减少用电高峰期的电量需求，可以达到减少电费成本的效果。在以办公楼和商业设施为对象开展V2B服务时，需确保在用电高峰期有足够的电动汽车接入大楼的电力系统。同时还需确保将车辆用于V2B服务以减少高峰期的用电量之后，还有足够的电量可用于行驶。

### 机会之二：作为电能调节设备通过交易获取收益

接下来将介绍电量交易、充电放电方面的V1G/V2G的事业机会，V1G/V2G是将电动汽车的蓄电池用于维持电力系统的负荷平衡。

V1G即智能充电。在充分考虑电力系统负荷的情况下分配能源并决定电动汽车的最佳充电时间，根据贡献度获取相应的收益。

V2G即车辆到电网。除了充电之外，电动汽车还可以在最佳时间为电力系统输电，并以此获取收益。

与V1G/V2G技术相关的市场和交易方式主要有以下4种，即供需调整市场、容量市场、批发电量市场和流通设备替换交易。

#### 供需调整市场

以负责输配电的电力公司为主要客户，通过为电力公司提供调节短期需求变化和维持电力频率平衡的服务，获取相应收益。

#### 容量市场

以各电力机构和零售电气公司为主要客户，通过为各零售商提供所需的电量，获取相应收益。

#### 批发电量市场

以零售电气公司为主要客户，通过为零售电气公司提供所需的电量，获取收益。在日本之外的其他部分国家及地区，太阳能发电高峰期的电量供给将大大超过电量需求，可能出现零售商通过使用电量来获取收益的情况。这种情况只有当与启停大型发电所的成本相比，让零售商使用电量的成本更低时才有可能出现。

### 流通设备替换交易

通过使用蓄电池，减少用电高峰期需求电量，并减少或延缓更新电力流通设备的投资，从输配电方获取收益。比如，通过减轻特定区域可再生能源发电高峰期的系统负荷，减少送配电方用于增强系统功能的投资，获取收益。

在 V1G 技术中，用户会避开电力系统负荷较高的时间段，在最合适的时间为设备充电，通过降低电力系统的负荷来获取收益。比如利用电动汽车来调整供需的需求响应经济模式。

V2G 技术的实现还有待一段时日，将来也许个人车主也将提供 V2G 服务，但是个人车主直接参与市场的难度较大。因此将出现提供大规模充放电服务的市场参与者，这些企业将与个人签订协议，可灵活调配车载蓄电池和家用蓄电池，通过将众多储能设备集中到一起的方式形成规模化事业。

照此发展，将来有望实现虚拟电厂（Virtual Power Plant，VPP）模式，即将电动汽车蓄电池和太阳能发电装置等分散型发电设备通过系统联结起来，通过整合多样化的能源资源达到建设实际电厂的效果。

## 北美 V1G/V2G 的实际事例分析

V1G/V2G 技术都在北美和欧洲取得了丰硕的成果，特别是美国加利福尼亚州，其 V1G/V2G 技术处于世界领先水平。

加利福尼亚州预计在 2030 年将可再生能源发电量占比提升到 50%，并实现年间太阳能发电量和累计导入量全美第一的目标。但是，实际用电需求和供电量在每个时间段都不尽相同，会出现所谓的"鸭子曲线"现象，加州在维持稳定的电力供应方面面临着严峻的挑战（图 3-12）。改变"鸭子曲线"现象需要减少傍晚用电高峰期的用电量，V1G/V2G 技术有望在维持供需平衡上发挥重要作用。

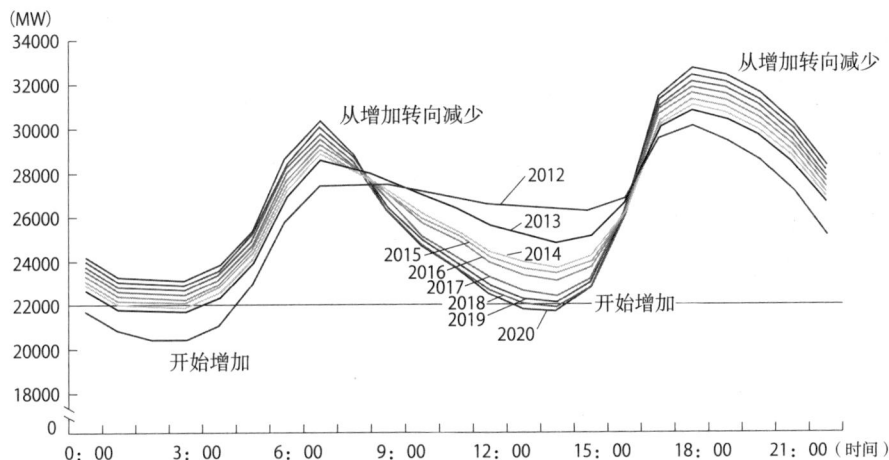

图 3-12 "鸭子曲线"

实际上，加利福尼亚州也是美国电动汽车普及率最高的地区。该州将在 2030 年引进 500 万辆零排放的车辆，州政府也为普及电动汽车的使用推出了一系列积极的举措，V1G/V2G 技术的研发氛围十分活跃。

太平洋燃气电力公司（PG&E）已与宝马合作推动 iChargeForward 的实验项目，将纯电动汽车的蓄电池与电力系统的运行做联动控制优化。在实验中，宝马会对用户发出停止充电请求，用户可根据意愿选择接受或拒绝。事实证明，以上实验可以为电力系统的调节提供更大的灵活性。

在 iChargeForward 的实验项目中，宝马选取了部分宝马 i3 汽车和旧蓄电池接入系统中，从 2015 年 7 月至 2016 年 12 月进行了为期 18 个月的"需求响应"实验。电动汽车蓄电池和旧储能电池的服务功率合计有 100 千瓦，可供电网灵活调用，实验取得了明显的效果。

共有 96 名宝马车主参与本次实验，同时宝马汽车公司又将 8 组被使用过的宝马汽车电池（100 千瓦，225 千瓦时）作为备用补充，"汽车＋储能电池"合力保证永远有 100 千瓦的电功率供 PG&E 调用。

电动汽车和蓄电池对控制总电量需求的贡献比例是 2：8，到傍晚，当电动汽车车主回到家中开始为汽车充电时，电动汽车的贡献度可以提升到 50%，在车辆充电的时间段对需求调整的贡献效果明显（图 3–13）。

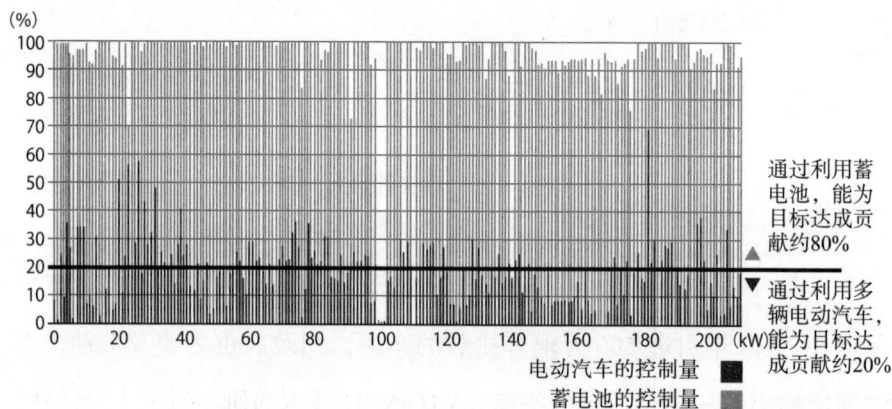

图 3–13　PG&E 和宝马的 iChargeForward 项目

美国充电系统供应商 eMotorWerks 也在加利福尼亚州提供将电动汽车作为蓄电池来稳定供电系统的服务。该平台以接入该公司充电网 JuiceNet 的充电器为对象，当充电量超过了用户提前设置的必要容量时，系统就会自动启动延迟充电程序，作为报酬，用户可以获得积分，积分可变现。2017 年，意大利电力公司 Enel 宣布收购 eMotorWerks，此前 Enel 在欧洲各地运营充电站项目，这意味着

Enel 今后将有可能在世界各地发展 JuiceNet 项目（图 3-14）。

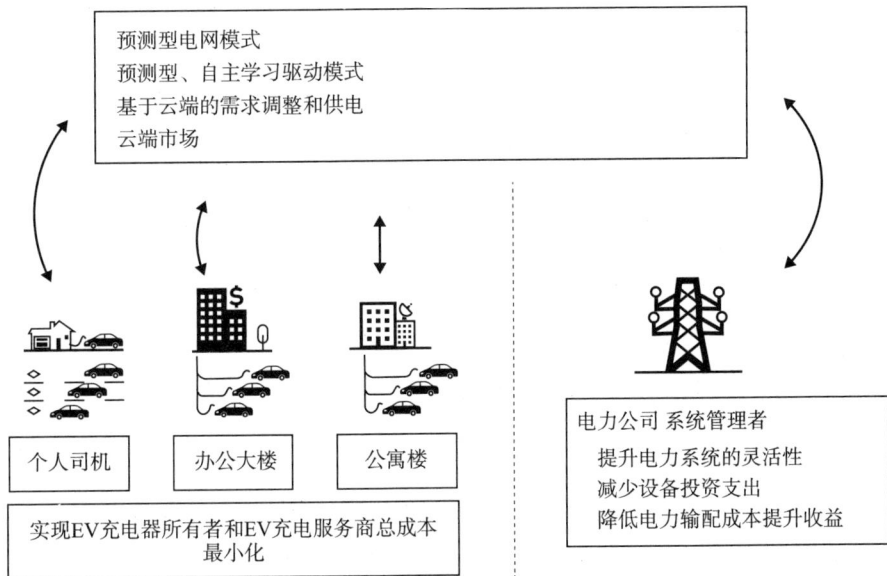

图 3-14 eMotorWerks 的 JuiceNet 项目

## 欧洲的 V1G/V2G 实际事例分析

德国最大的电力公司意昂集团（E.ON）以德国为核心在欧洲各国开展可再生能源事业和输配电事业。意昂集团已推出太阳能云平台 Solar Cloud Drive，用户可在平台上存储自家的太阳能发电量，在需要的时候为电动汽车充电。意昂集团向消费者出售的太阳能发电系统，由公司统一提供太阳能云平台管理服务。这项业务实现了自家剩余太阳能发电量的虚拟存储，是一项虚拟云储存服务。对于用户来说，无须在自家配置大规模的蓄电池就可以充分使用太阳能发电系统所发出的电量。

Solar Cloud Drive 实际上是为太阳能云平台上拥有电动汽车的用户提供的一项特有的自由选择服务，用户在电动汽车充电站可以选择用存储在太阳能云平台上的太阳能电量为电动汽车充电，这样用户就无须在充电时支付额外的费用，经济便捷。这项服务对于用户来说属于 V1G 服务的一种。

日产、Enel 和美国风险企业 Nuvve 公司的合作项目是 V2G 技术在实际应用中最典型的案例。Nuvve 公司的主营业务包括充放电器、充电平台和车载通信器等。丹麦石油天燃气公司 Frederiksberg Forsyning 购买了 10 辆日产 e-NV200 零排放车辆，通过双向充电器接入系统，在商业用车处于静止状态时发挥 V2G 作用，为电网公司提供稳定的电网调节服务。10 辆电动汽车共计可提供 100 千瓦的电功率，可供电力公司调度使用，每年将产生 1300 欧元（约合 1 万元人民币）的收入。企业商业车可根据车辆使用模式产生效益，今后也将实现进一步发展（图 3-15）。

图 3-15　日产、Enel 和 Nuvve 公司在丹麦开展的 V2G 试验项目

### 日本 V1G/V2G 市场的发展预测

日本发展"容量市场""供需调整市场",都受到了电力公司和电力需求响应整合商的密切关注。

但是,电动汽车在日本尚处萌芽阶段,大规模普及仍有待时日。要普及使用 V2G 技术,也需要完善的充放电设备和基础设施建设做支撑。因此,即便日本开始发展"容量市场"和"供需调整市场",考虑到自动驾驶技术在日本普及的时期,V2G 技术在日本普及的时间最早也将在 2030 年之后。

如上所述,V1G/V2G 技术都需要在必要时将处于静止状态的电动汽车接入电力系统,才能使用电动汽车的蓄电池。虽然可以考虑通过奖励措施让车主自主将车辆接入电网系统或者进行充放电操作,但是人为操作无法保证服务的稳定性。因此,最理想的情况是自动实现接入系统和充电放电操作,具备自动驾驶技术的电动汽车最适合开展 V2G 服务。自动驾驶系统的普及是日本大规模推动 V2G 技术普及的一大前提。

但是,若将出租车行业、租赁汽车行业和外卖配送行业等拥有一定数量电动汽车并将车辆用于开展服务的企业和车队管理系统相互联结,那么在自动驾驶技术普及之前或许也可以推动 V2G 服务的落地。

另外,从业务发展来看,V2G 服务将不会作为单纯的能源交易服务,而是将融入整个服务系统之中,为企业和消费者提供全方位的服务。

### 新市场的动向和电力公司的作用

综上所述,能源产业将有望通过充分利用电动汽车的蓄电池开创出新的事业机会。但是,目前仍处于电动汽车普及初期,充电器和 V2G 技术的硬件基础也并不完善。因此，要想创造出能在短期内实现投资回报的新商业模式并非易事。

电动汽车的充电基础设施建设和运营是通过政府的补助金和汽车制造商的援助金实现的，为了解决基础设施方面的不足，率先创造出新市场，需要明确划分竞争领域和合作领域，在合作领域积极与其他公司共同开展合作。

比如，电动汽车普及的过程中面临的充电基础设施建设问题，除中心城市之外的各地区电动汽车数量较少，充电基础设施的使用率可能会比较低。这意味着在进行投资判断时存在一定的难度，也影响了充电基础设施建设的进度。充电基础设施建设进度缓慢，也影响了电动汽车的普及进度，使其陷入了停滞不前的状态。

另外，充电基础设施建设和运营事业的投资回报周期较长，加之今后随着蓄电池性能的提升，一次充电可实现的续航里程将大大增加，在这种情况下，用于中途充电的充电基础设施也许将成为只供过渡期使用的设备。

因此，基础设施建设企业应将充电基础设施的建设和运营管理视为合作领域，和其他企业共同合作推进，在这个过程中电力公司将发挥重要作用。电力公司拥有系统运营能力和设备基础，因此为了控制不必要的社会成本的增加，基础设施建设企业须与电力公司深入合作。

比如，日本计划将 CHAdeMO 标准的快速充电器的最大功率提升到 350 千瓦，这将大大提高电动汽车的充电速度，有望成为推动电动汽车普及的重要一步。当 350 千瓦的超快速充电器的运转率达到 80% 时，最大电力需求可达 280 千瓦，相当于一座 5000 平方米的中等规模的大楼消耗的电量。也就是说，在集中设置高压超快速充电站的地区，为了应对系统负荷增大，必须增强该地区配电系统的输配电能力，而在配电系统上的成本支出最终将转嫁到电费上。

负责输配电的电力公司拥有完善的维修和保养系统，这在充电基础设备网的维护和运营上也是必不可少的。在美国，电力公司积极开展电动汽车充电基础设施的建设，有部分州已投入资金支持充电基础设施建设事业。

太平洋燃气电力公司投入 1.3 亿美元用于推动 "电动汽车充电站网络计划" （The EV Charge Network program），目标是 3 年内在加利福尼亚州的部分公寓和办公大楼各设置 10 个以上的电动汽车充电桩，总数预计将达到 7500 个。这项投资将通过电费收回 60%—80% 的回报（图 3–16）。

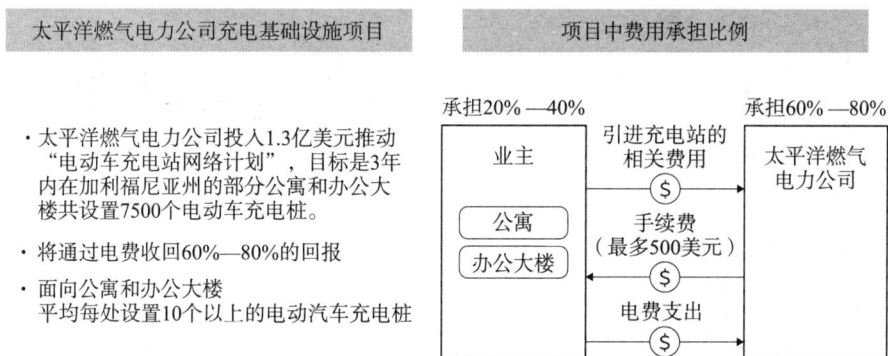

图 3–16 电力公司推动电动汽车充电基础设备的普及

从其他国家及地区的动向可知，政府可通过制定政策推动充电基础设施的建设。当作为移动蓄电池的电动汽车得以普及使用，电动汽车蓄电池将可以通过和电力系统的融合突破现有的系统局限，进一步促进可再生能源的普及。

## 自动驾驶时代移动出行系统和电力系统的融合

最后，将阐述电力系统和将来有望普及的自动驾驶技术之间的关联。依托自动驾驶技术的机器人出租车将来很可能以电动汽车的形式普及。一般情况下，电动汽车的能耗比汽油车低，今后电动汽车蓄电池的性能还有望进一步提升。

自动驾驶汽车无须人工费用，因此，预计在行驶的过程中大大减少成本。将来也许可以根据充电时间和充电场所来判断车辆的最佳用途，是"向乘客提供移动出行服务"还是"向电力系统提供充放电服务"，最后再形成调配计划（图 3-17）。

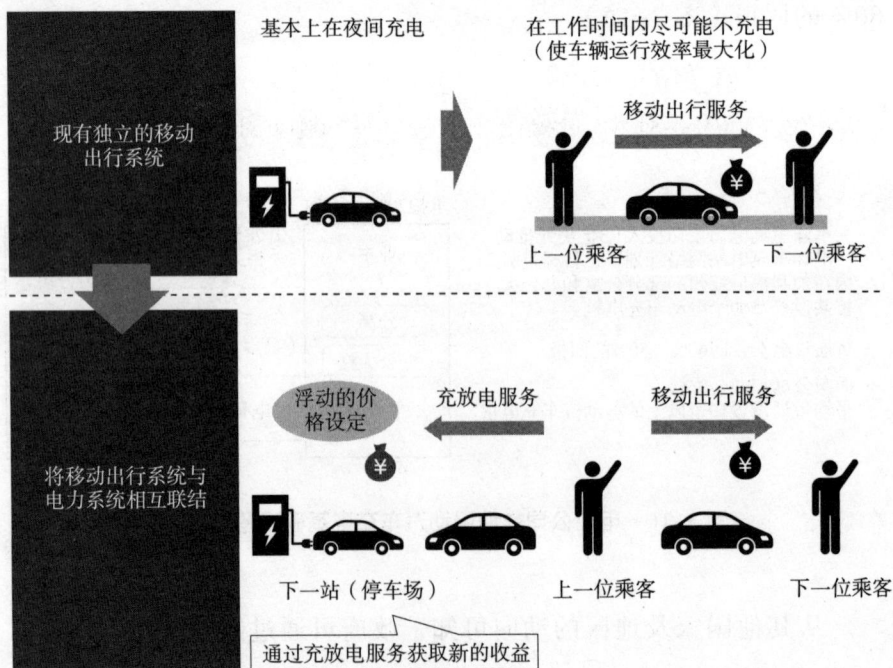

图 3-17　可提供充放电服务的机器人出租车商业模型

电动汽车蓄电池作为充放电站，可发挥以下作用：为避免采取出力控制措施吸收剩余电量、调整电力系统平衡和减少流通设备的投资。根据对应的容量市场、供需调整市场和电力交易批发市场等的交易价格，引入根据所处地点和时间不断变化的浮动价格机制，并将变动的价格信息纳入机器人出租车的调度和行驶算法中。若能实现以上结合，移动出行系统和电力系统无疑将进一步强化合作。

# 第四章

## "行业霸主"——谷歌的竞争战略

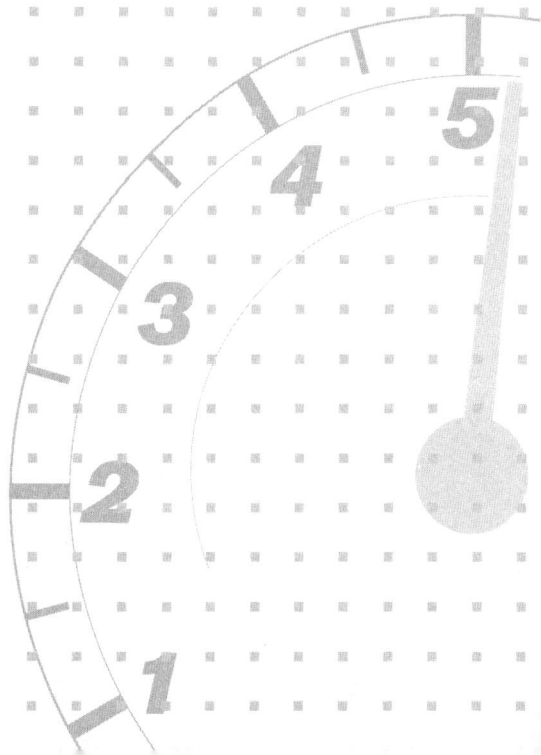

美国公司 Alphabet 在短短 20 多年的时间里快速成长为全球巨大的科技集团，相信读者朋友都知道谷歌（Google）便是 Alphabet 旗下的核心企业。Alphabet 在发展过程中不断顺应环境的变化，从个人电脑到移动电话，再从移动电话到可佩戴式设备，逐渐实现公司的壮大发展，并凭借压倒性的技术优势成为 IT 行业的巨头。数字化和全球化的结合是 Alphabet 至今为止的主要战略方向，今后 Alphabet 计划沿着现实性和地域性相结合的方向继续创造价值。

科技企业将采取怎样的战略在已有 100 多年历史的汽车行业抢占一席之位呢？本章将重点探讨 Alphabet 在移动出行领域的挑战和战略方向。

## 🚗 谷歌的战略方向

### IT 行业的霸主——谷歌

当我们想要挑选举办欢迎会的餐厅、想要领取活动赛事的门票或者想去购物时，大部分人都会先通过手中的终端设备进行搜索。世界上使用人数最多、使用范围最广的搜索引擎便是谷歌。

除了搜索服务之外，读者朋友在日常生活中可能还使用过谷歌的地图（Google Map）、邮箱（Gmail）、翻译（Google Translate）和视频平台（YouTube）等服务。或许大部分人对谷歌都有一定的了解，但是在此还是要先介绍一下谷歌是一家怎样的企业。

谷歌所提供的服务基本上涵盖了所有的 IT 服务业务，从文字处理、云端服务等商业用途到游戏、通信等私人用途，甚至还有在无意识中使用的服务，比如，搭载在安卓（Android）终端设备中的 Android OS（操作系统）和具有人工智能语音识别功能的 Google Home 智能音响等，通过"OK，Google"（好的，谷歌）的关键指令即可唤醒 Google Home。

自斯坦福大学的学生拉里·佩奇和谢尔盖·布林共同创办谷歌已过了 20 多个年头，除了不断进行技术创新之外，谷歌还通过积极将掌握先进技术的企业合并到自己的阵营的方式，保持着指数般的成长速度。如今，谷歌已在数字化和全球化领域占据了无可替代的地位。

## 科技公司的战略方向

谷歌在企业经营理念的核心——"谷歌的十大真理"中提到了"世上所到之处皆是信息，而信息的需求将跨越国界的限制"。不管是哪个国家、领域的信息，也不管信息重要与否，在这条理念的指引下，谷歌对全世界的信息进行了收集、存储和整理，其中也包含了个人信息，谷歌甚至可以实时掌握世上每个人的搜索记录、位置信息和感兴趣的事物。

谷歌的核心竞争力正是来源于以上庞大的数据基础。谷歌的基本盈利模式是，通过充分利用庞大的数据库，为用户提供精确度较高的搜索服务获取收益以及网站广告收益。在数字化领域，谷歌已成为将全球规模的消费者和服务商联结在一起的平台，其独具优势的市场份额将产生强大的网络外部性，衍生出巨大的协同价值。

建立数据化平台是 AGNA-FITS[①] 等互联网巨头共同的战略方向，通过将消费者和服务商的数据外部化的方式，在不增加边际成本的情况下实现企业增长。

科技巨头谷歌的母公司 Alphabet、Apple 和 Amazon 是全球市值最高的三家企业，近年来这些科技巨头坚持"AI 第一"的战略方针，积极投资人工智能和移动出行领域，那么他们究竟会创造出怎样的奇迹呢？

---

① AGNA-FITS 是 Apple（苹果）、Google、Netflix、Amazon（亚马逊）、Facebook（脸书）、Instagram（照片墙）、Twitter（推特）、Snapchat（色拉布）的首字母组合。

## 🚗 谷歌的发展战略——进军移动出行领域是实现发展的必要条件

### 科技行业巨头改变战略方向的两大原因

以上介绍了科技行业的主要战略方针是成为将消费者和服务商联结在一起的平台，依靠数据优势产生网络外部性效用。如今，这一战略开始发生变化，理由主要有以下两点。

一是，部分企业已占据"数字化＋全球化"领域的压倒性优势地位，若想取得进一步的发展，必须转向"现实性＋地域性"领域。二是，智能手机和传感器设备在价格逐渐下降的同时性能在逐步提升，至今为止，科技仍未渗透的传统制造业也开始在生产中引进科学技术，使得数字化的范围不断扩大。过去，企业很难获取生产、流通和使用等过程的相关数据，随着制造业现场的数字化发展，企业可以简单且实时获取这些数据，这些变化将带来新的商机。

比如，德国提出了"工业 4.0 高科技战略计划"，意在推动建立智慧工厂。智慧工厂指的是，在工厂的机器和设备中安装传感器，通过传感器收集数据，实现至今为止人工管理的各种信息的数字化工厂，其目的在于改善业务、提高生产力和扩大收益。智慧工厂作为解决劳动不足问题的方法之一，也受到了世界范围的广泛关注，日本许多企业也开始着手打造智慧工厂。

也就是说，能够独自掌握消费者和服务商信息的企业范围正在不断扩大。

## 通过"现实性 + 地域性"的数字化开辟新市场

对于谷歌的母公司 Alphabet 来说，周边环境的变化意味着新商机的诞生，因为周边环境的变化将成为企业从虚拟数字化世界向现实世界跨越的垫脚石。他们把快速获取大量用户数据的全球化规模的数字化空间作为主战场，在数字化需耗费大量时间（需要人为或工具介入）的领域和对象范围较小（受国家和语言的限制）的领域，构建平台、扩大事业范围。从可持续发展的观点来看，科技公司也会选择从已实现数字化的产业转向占领现实市场（图 4-1），也就是说，今后"现实性 + 地域性"领域的投资会不断增加。

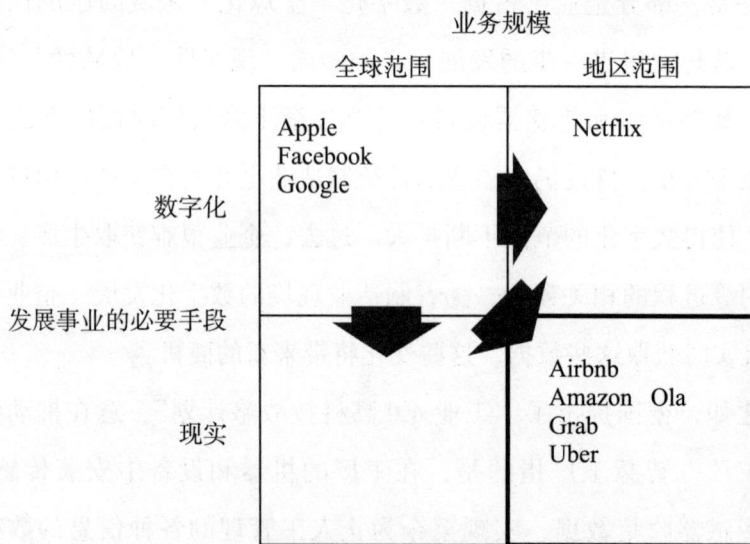

业务规模

| 全球范围 | 地区范围 |
| --- | --- |
| Apple<br>Facebook<br>Google | Netflix |

数字化

发展事业的必要手段

现实

Airbnb
Amazon  Ola
Grab
Uber

图 4-1 谷歌扩大事业领域的方向

在"现实性 + 地域性"领域，移动出行市场占据重要的地位。汽车行业可收集到大量的数据，包括搭载在汽车上的传感器和摄像头等收集到的车辆信息和车辆驾驶数据、GPS 系统收集到的车辆的位置和时速等探测信息、以及交通信息和交通信号等车辆周边的社会基础设施信息，这些数据对于谷歌来说就是"宝藏"，因为依靠谷歌现有的服务无法有效获取这些属于"现实性＋地域性"领域的数据。若能够充分获取以上信息并对其进行有效的分析，可以创造出与以往事业领域不同的全新的价值。

为了使从车辆获取的传感器数据和社会基础设施信息发挥最大的作用，不仅需要计算资源和各种分析能力的支持，还需要有对数据进行分析的优秀人才。Alphabet 认为自己在以上各方面都具有竞争优势，因此，为了在移动出行领域拥有稳固的地位，Alphabet 开始在全球范围内展开投资。

## 谷歌不计收益地投资移动出行领域

汽车制造商以外的企业要想加入移动出行领域并非易事，虽然随着传感器设备和联网技术的普及，汽车行业也实现了数字化发展，但是即便是 IT 行业的霸主——谷歌想要进入移动出行领域也是有难度的。这是因为汽车行业在悠久的发展历史中形成了从上游到下游的完整的大企业集团产业链。整车制造商处于产业链顶端，与一级供应商和二级供应商紧密相连，汽车行业形成的动态联盟成为较高的行业壁垒，阻止或限制了其他行业的企业进入汽车行业。而且，汽车行业属于现实性和地域性相结合的领域，对于在"数字化＋全球化"领域占据优势的 Alphabet 来说，汽车行业是文化和历史完全不同的行业，因此加入的难度较大。

在此，先介绍比 Alphabet 更早进军汽车行业的美国电动车及能源公司特斯拉，其创始人及首席执行官埃隆·马斯克（Elon Musk）出生于南美洲，以电动跑车 Roadstar 为开端，特斯拉生产和销售电动轿车 Model S、Model X 电动 SUV 和平价轿车 Model 3。2006 年，特斯拉第一款电动跑车 Roadstar 一经发布便引起了业界的极大关注，甚至还登上了《时代》杂志的封面。Roadstar 开售之后人气不减，即便售价高达约 1000 万日元（约 63 万元人民币），但是订单还是超过了实际产能负荷。

但是，后来 Model 3 陷入了严重的产能困境，由于特斯拉未具备能与整车制造商匹敌的系统完整的整车量产能力，在汽车的生产制造中需要花费较多的时间和费用。特斯拉所面临的现状很好地说明了，其他行业想要跨越汽车行业的壁垒是十分困难的事情。

那么，谷歌及其母公司 Alphabet 是否会重蹈覆辙呢？答案是也许不会。尽管汽车行业无法确保收益或者无法获得预期收益，Alphabet 也会积极推动其在移动出行领域的投资计划。这是因为，Alphabet 已通过用户服务和网站广告获取了较大收益，并与其他行业建立多样化的合作关系，这些收益可以完全填补在移动出行服务行业的投资。资金实力雄厚也是 Alphabet 进入全新领域的优势之一。

对于 Alphabet 来说，在汽车行业创造价值并不是必要条件，他们在数据收集和确保顾客接触点方面拥有绝对优势，可以通过创建平台创造价值，因此即便短期内无法确保收益也会进行投资。Alphabet 的目标是，凭借领先的科技能力和雄厚的资金实力，最终获取其他公司无法匹敌的市场份额。即便最初收效甚微，只要最后能够有大收获就可以。这种战略方式和谷歌成为 IT 行业巨头的战略方式相同。

日本的企业与之相比太过注重于收益，3 年之内实现盈利、5 年之内收回成本是开展新事业的前提。其实，Alphabet 的战略方式对于日本的汽车行业来说是一个较大的威胁。

### 🚗 谷歌瞄准的移动出行领域三大方向

那么，谷歌的母公司 Alphabet 在移动出行领域的具体战略目标是怎样的呢？如图 4-2 所示，Alphabet 主要通过 3 个方向确保拥有顾客基础，并将服务商联结到一起。

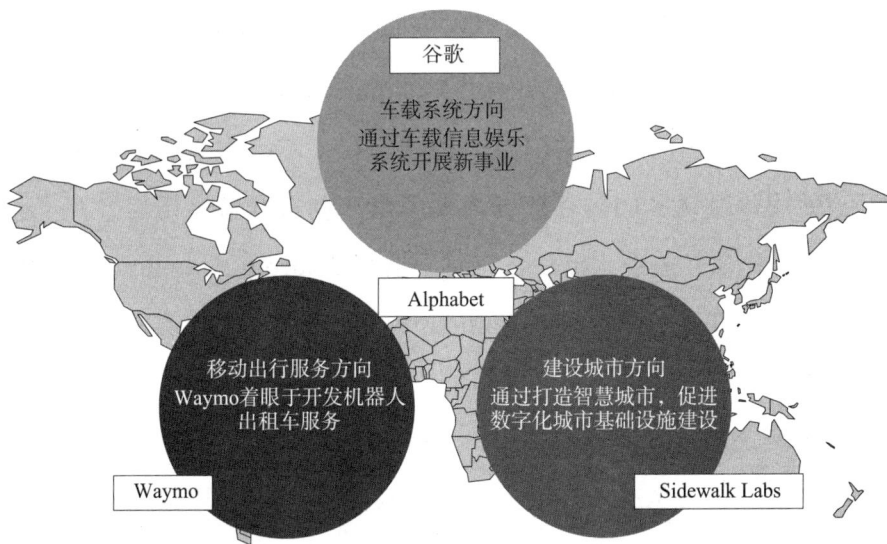

图 4-2　Alphabet 在移动出行领域的战略

*车载系统方向*

通过 Android Automotive 这一车载信息娱乐系统（In-Vehicle Infotainment，IVI）开展新事业。

*移动出行服务方向*

Alphabet 旗下子公司 Waymo 正着眼于开发机器人出租车服务，

进军移动出行领域。

建设城市方向

Alphabet 旗下子公司 Sidewalk Labs 计划通过打造智慧城市，促进数字化城市基础设施建设，开展基础设施领域新事业。

## 通过车载系统收集车辆相关信息

谷歌从 2015 年开始推出 Android Auto 系统，这一系统可将搭载 Android 系统的智能手机上的谷歌地图导航、音乐播放等许多应用程序都投射到车载显示器上。在 2016 年的谷歌 I/O 开发者大会①上，谷歌推出了车载嵌入式信息娱乐操作系统 Android Automotive。

虽然截至 2018 年，Android Automotive 操作系统仍处于开发阶段，但是根据官方发布的消息，谷歌已与沃尔沃和奥迪达成协议以后会使用该系统，同时谷歌也与大型汽车制造联盟雷诺、日产、三菱建立合作伙伴关系，以后在汽车中搭载 Android Automotive 系统。谷歌的目的在于将 Android Automotive 开发成车载系统的标准，并通过该系统收集和积累与车辆相关的庞大数据。

为何沃尔沃、奥迪和大型汽车制造联盟雷诺、日产、三菱会计划在车辆上搭载 Android Automotive 呢？这是因为用户已经养成了使用地图等导航功能和娱乐功能的习惯。原本只能在手机上使用这些功能，如今在汽车上也能直接操作，在提升用户体验的同时，汽车制造商可以减少在难以取得收益的资讯和娱乐领域的投资，更可以缩短生产周期。

除了沃尔沃、奥迪这样小规模的汽车制造商之外，谷歌还与在

---

① 谷歌 I/O 开发者大会指谷歌举办的全球开发者大会。

汽车行业占据举足轻重地位的大型汽车制造联盟雷诺、日产、三菱展开合作，这充分说明了行业趋势已开始发生变化，而汽车制造商也意识到了这一变化趋势。

究竟是谷歌及时抓住了市场的变化趋势，还是谷歌改变了市场发展趋势，这一点尚未明确，但毫无疑问的是，今后谷歌将与汽车制造商合作推动车载信息娱乐系统的开发，并加速发展车载系统产业。

今后，谷歌将继续完善搭载在汽车上的操作系统的功能，除了Google Maps、Android Message、Google Play、Books、Google Play Music、Google Assistant 等信息及娱乐应用程序之外，也许还会增加像声田（Spotify）[①]这样的由第三方企业开发的应用程序。在车辆操控方面，将来有望在操作系统上实现调整座椅和后视镜、调整空调温度、控制车窗及车顶天窗开关和开启无线广播等功能。

如上所述，谷歌十分擅长收集、积累和整理数据，并通过活用数据为用户提供服务。在移动出行领域，谷歌也将充分发挥自身的优势，通过智能手机中 Android OS 和 Android Auto 系统的服务内容和界面装置，深入汽车制造商的阵营。另外，原本只能通过智能手机内置传感器和车载诊断系统（on-board diagnosis second，OBD）间接获取到的车辆信息，在搭载 Android Automotive 之后可以被直接获取。通过 Android Automotive 系统，谷歌不仅可以成为车载系统供应商，还可以通过深入贷款、保险及维修和保养等领域，获取购车后的其他收益。

比如，谷歌在 2015 年推出了保险价格对比和测算的服务，可将

---

① 声田（Spotify）是一家流媒体音乐服务平台。

这一服务升级为 PAYD 型保险服务，也就是按里程付费的保险服务。

## 在移动出行服务领域，凭借自动驾驶技术追赶领先企业

在移动出行领域，有许多服务都使用了互联网技术，在此仅详述自动驾驶服务。也许大部分人关注自动驾驶是因为在试验中事故发生频率高的报道。看到这类新闻，可能很多人会认为自动驾驶技术真正在日本普及仍需要很长一段时间，但是自动驾驶移动服务已经被列入日本 IT 战略的八大重要领域之一。

目前，自动驾驶领域最为活跃的是 Waymo 和优步等行业巨头。过去，谷歌也进行自动驾驶技术的研发工作，现在改由 Alphabet 旗下的自动驾驶子公司 Waymo 专门研发。Waymo 是目前世界上自动驾驶技术最为先进的企业。

在 2018 年 7 月召开的全美州长协会（National Governors Association）会议上，Waymo 的首席执行官约翰·克拉富西克（John Krafcik）宣布他们的自动驾驶汽车在公共道路上的测试里程已达到了 800 万英里（约 1287 万千米）。Waymo 的目标是在庞大的驾驶数据的支撑下，利用人工智能技术研发出"世界上技术最熟练的司机"，进而实现提高安全性能、提高效率和提高便利性的最终目标。

提高安全性能

每年美国约有 4 万人、全世界约有 120 万人因交通事故丧生，而约 90% 的事故都是由人为操作失误造成的。对此，约翰·克拉富西克表示："人类容易受自身情绪左右，要想将人类司机的事故死亡率降至零是几乎不可能的事情。"

只要持有机动车驾驶证，谁都可以驾驶车辆，个人的驾驶技术取决于驾驶经验，同时又受驾驶员身体状况所影响，由于驾驶操作

失误和醉酒驾驶引发事故的案例屡见不鲜。为了防止此类交通事故的发生，最好的方式就是避免让人类驾驶。一旦自动驾驶技术得以普及，车辆将由"技术娴熟的司机"来操控，这无疑可以大大提升驾驶的安全性。

提高效率

根据有关统计，目前美国人平均每天花 50 分钟左右的时间通勤。美国人开车上班的人数比日本多，若能将美国人的通勤时间用于驾驶之外的事情，比如工作或者处理私人事务，那么将极大提升工作效率。

提高便利性

即便到达了考取驾驶证的年龄，由于各种原因无法驾驶车辆的人也不在少数，仅美国就有 1600 万人。若自动驾驶技术得以实现，原本无法自由出行的人也可以随时去往想去的地方。

Waymo 已于 2018 年 12 月实现了自动驾驶运输服务的商业化，与多家大型企业合作实施试点项目。为了让更多的顾客使用 Waymo 研发的自动驾驶实验车辆，本次项目选择了美国亚利桑那州的凤凰城作为试点，Waymo 的大部分驾驶试验都是在此进行的，之后再逐步推行其他地方的项目。

已确定的合作方有美国零售商沃尔玛、美国最大的汽车经销商连锁公司 AutoNation、大型汽车租赁跨国集团安飞士·巴吉集团（Avis Budget Group）、源宿酒店（Element Hotel）和房地产投资信托公司 DDR，合作对象遍布多个领域。通过与多个领域的大型企业进行合作，Waymo 可以在参与驾驶试验的用户的出行数据中提取和收集用户使用自动驾驶汽车的主要目的。

与上述企业合作的试点项目的主要内容如下所示：

沃尔玛：当用户需要去就近的门店自行提取在沃尔玛的官网Walmart.com上订购的食品时，可以使用Waymo研发的自动驾驶车辆。

AutoNation：当家用车辆送去检查或维修和保养时，可以使用Waymo的自动驾驶车辆作为代用车辆。

安飞士·巴吉集团：为客户提供免费接送服务，当顾客前往提车点提取租赁车辆，以及归还车辆后要返回家中或前往机场时，均可使用Waymo的自动驾驶车辆。

源宿酒店（仅限部分店面）：为了让到访凤凰城的顾客享受到VIP待遇，在住宿期间可使用Waymo的自动驾驶车辆前往市内观光。

DDR：前往公司旗下所有大型购物中心购物或就餐时，可使用Waymo的自动驾驶车辆。

在美国所有州中，仅有密歇根州等3个州的法规明确了自动驾驶事故的责任方。Waymo从2021年开始在这些有明确法规的州推进上述合作项目，并且预计在2025年之后在全美推出具备一定规模的机器人出租车业务。在Waymo推行机器人出租车服务时，也许优步也将推出同样的服务。

从2017年开始，美国获得自动驾驶路测许可的州开始增加，验证了自动驾驶的发展趋势（图4-3）。2011年，内华达州最早批准自动驾驶车辆进行路测试验。至今，美国已有超过半数的州允许自动驾驶车辆进行路测，并取得了飞跃性发展。

州累计数量

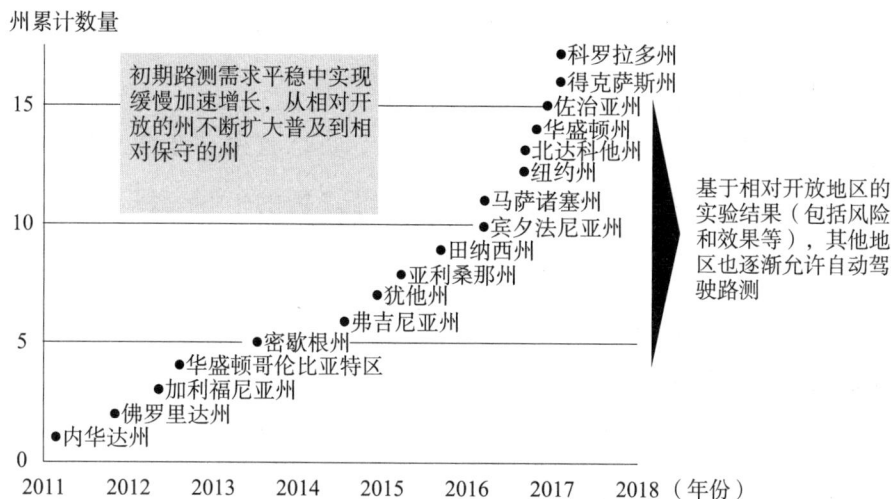

图 4-3　美国各州法规、行政首长的行政命令正式批准自动驾驶路测的时间

　　将来，移动出行服务也许将通过与其他服务相互结合的方式提供给顾客，比如与广告服务相结合，将来在我们的生活中也许会出现以下场景：

　　某位女士听说新开了一家特别棒的法式餐厅，于是和朋友一同前往这家法式餐厅吃午餐。在前往餐厅的途中，当这位女士在智能手机上浏览餐厅的菜单时，收到了一条高级酒店的意式餐厅的折扣信息。信息显示今日意式餐厅的午间套餐有 7 折优惠，并且可以免费接送。这位女士很早之前就开始关注这家意式餐厅，一直想去试试，但是由于这家餐厅价格略高，加上乘坐电车需要花费半个多小时的时间，因此选择了放弃。但是今日可以享受免费接送的服务，也许可以试试。于是，她征询朋友的意见，朋友也同意将就餐计划更换为这家高级酒店的意式餐厅。

　　她拨打预订电话两分钟之后，接送的车辆就到达了指定地点，接送车辆的车门和前窗玻璃上都是数字广告，介绍酒店正在举办的活动。汽车内饰皮革工艺品质优良，两人坐在车内，十分宽敞，而且还有免费饮品。

餐厅的菜单显示在车内的显示屏上，可以直接在车内下单，到达酒店后马上开始用餐。这位女士选择了 7 折的午间套餐，下单后直接付款。车内充分利用了所有的显示器，播放国外美丽的风景视频。看到感兴趣的地方可以直接触摸屏幕，画面的一部分会显示介绍旅游详情的广告。

在以上场景中，顾客不仅可以在车内外看到酒店、旅游广告和活动信息，还可以在车内完成下单及付款。将来也许会出现"移动出行＋广告和移动出行＋结算的全新形式的服务"。

## 从建设城市的角度审视移动出行服务

车载系统和移动出行服务都与车辆紧密相关，而谷歌在移动出行领域的目标并不仅限于车辆，还包括车辆的外部环境，如道路、信号、停车场和铁路等交通基础设施。也就是说，从建设城市的角度出发，将道路整体都纳入移动出行服务的范围之内，简而言之就是开展打造智慧城市新事业。

从移动出行的角度也能很好地解释谷歌的母公司 Alphabet 选择进军智慧城市领域的原因，因为通过车载系统可以收集与车辆相关的信息，通过移动出行服务可以收集顾客出行的相关数据，但是交通信息和停车场车位情况等与外部环境相关的信息收集难度较大，包括交通信号设备情况和交通堵塞情况等。若能够收集交通基础设施的数据，并对其进行分析，就可以为车辆实时提供交通信息，改善城市的交通环境。比如，这个交叉口一直相对拥堵，最好绕道而行：再比如，车站附近的道路与铁路平面交叉道口不开放，可以选择走高架路等。要想改善以上交通问题，就必须加入城市建设中来。

日本也有许多智慧城市的相关案例，因此日本人很容易理解智慧城市的概念。其中一个案例便是福岛县会津若松市，该市通过 Government as a Platform 的方式推动城市的智能化发展。以街区为单位建立可以收集和积累所有数据的大数据平台，包括能源、交通等公共数据和个人健康信息等个人数据，并将积累的数据用于企业的经营活动之中，让市政府发挥平台的作用。

Alphabet 的发展目标与 Government as a Platform 的方向相同，它提出了 Sidewalk Toronto 的创新计划，即在 50 年的时间内与加拿大多伦多市政府共同将多伦多滨水区打造成智慧城市的计划。虽然，实际负责执行 Sidewalk Toronto 计划的是 Alphabet 的子公司 Sidewalk Labs，但是 Alphabet 进入与原本的数字化世界完全不同的智慧城市的领域，无疑将给现有的地产开发商和汽车制造商带来巨大的冲击。

Sidewalk Labs 针对多伦多所提出的 Sidewalk Toronto 计划，将整合所有的交通方式，包括近年来普及到全世界的出行共享服务等，建立云端数据平台，这是 Sidewalk Labs 所提出的 Sidewalk Toronto 计划中的目标之一。

实际上，已有新兴公司正在逐渐达成以上目标，这家公司便是 Coord。2016 年初，Sidewalk Labs 推出了 Coord 新业务，后于 2018 年成立了 Coord 子公司。实际上 Coord 已经开始为客户提供多个应用程序接口（Application Programming Interface，API），也发布了多个公开测试版本。

比如，可在华盛顿、纽约、旧金山、洛杉矶和芝加哥使用的各种交通方式的多模态移动出行搜索应用程序 Multi Modal Router（测试版），再比如，能实时反馈交通信息并计算到达时间的 Routing API。移动出行方式除了原有的步行、出租车和公共交通工具等交通方式之外，还有共享单车和共享汽车等方式。

另外，在纽约和旧金山还可使用 CURB EXPLORER（测试版）应用程序，该应用程序通过专用的 Curbs API 来搜索路边空间的相关信息，将谷歌地图上的路边空间状况通过不同的颜色分门别类。

Coord 还研发出了名为"Surveyor"（检验员）的应用程序，利用增强现实技术，将复杂的路边信息精炼成数字化数据。通过使用应用程序"Surveyor"，共享出行服务商将可以更快地找到更为安全的上下车地点，提高共享出行服务的服务品质。

若能够合法地将车辆引导到更为合适的地点，可以在一定程度上缓解因车辆停靠而造成的混乱问题，也可减少违反停车规则的处罚，减轻警察的工作负担。关于路边空间使用规则的制定和执行，Alphabet 的智能城市孵化器 Sidewalk Labs 也将为 Coord 提供必要的支持。

除此之外，Coord 还推出了可搜索收费公路位置和收费情况的 Tolls API 和可搜索停车场使用情况、使用时间的 Parking API 等。

如上所述，Sidewalk Labs 的最终目标是构筑一个综合性平台，整合移动出行服务和所有交通基础设施，而且这个平台可以提供给第三方公司使用。一旦实现以上目标，第三方公司就能将公路过路费和停车场、路边空间等详细且标准的大数据用于服务的开发中。

Sidewalk Labs 除了提供车载系统和移动出行服务，在城市基础设施方面，作为其他公司开展服务的平台也霸权在握。虽然在智慧城市计划中有移动出行服务，但是目的是为了实现城市整体的数字化和平台化。对于 Sidewalk Labs 来说，Sidewalk Toronto 计划是实现城市智能化发展的一个试验项目，其最终目的之一是为服务商和应用程序开发商提供标准化的 API 数据，并且整合这些平台，为再开发地区的居民提供完美的移动出行服务。

可能大家会有一个疑问，为何 Sidewalk Labs 要为其他竞争对手提供如此重要的数据和 API 呢？也许是因为 Sidewalk Labs 想确立集团的优势地位。

实际上，通过以上内容我们可以看出 Alphabet 的整体战略方向：只要 Alphabet 将平台数据牢牢地握在手中，那么即便无法在移动出行领域占据霸主地位，也能在竞争中获得胜利。正如谷歌以 Android OS 为开端，不断扩大其在移动设备市场的份额那样，通过增加使用平台的服务商的数量，就有可能扩大其在移动出行领域的版图。

当然，能在车载系统、移动出行服务和建设城市 3 个领域全都占据霸主地位是最理想的情况，但即便优步在移动出行服务领域取得竞争的胜利，也不会对 Alphabet 造成致命的伤害。这是因为，为优步提供包含交通信息在内的各种数据的正是 Alphabet，收取平台使用费用也可以成为 Alphabet 的一项成功的新事业。

另外，即使 Alphabet 在建设城市领域并未取得优势地位，应该也会取得移动出行服务和车载系统的竞争的胜利。不管最终的结局如何，已经全军出击的 Alphabet 无疑将在移动出行领域拥有巨大的影响力。

## 🚗 谷歌能否制衡移动出行领域

### 移动出行领域的需求在于家庭

在亚马逊和乐天市场等网络购物平台中，首先用户需要产生需求，进行搜索之后，平台进行推荐，供顾客在推荐中选购，之后会有物流服务，从而完成网购体验。在数字化市场中，用户需求是制胜关键。仅在用户有需求时才搜索是远远不够的，要通过向用户推荐其所需要的东西，用其他的东西与用户需求的东西搭配推荐的方式激发潜在的需求。

移动出行领域也将出行视为与上述电子商务市场一样的情况，在移动出行领域，出现出行需求之后搜索目的地，会显示电车、出租车、网约车等选项，这相当于搜索与推荐的过程。若用户在选项中选择了优步，呼叫之后到达目的地的过程就相当于选择和购买。移动出行领域的需求是用户想要出行的心情。发现用户的出行需求之后如何引导用户出行是极为重要的。

为了发现用户需求，亚马逊和谷歌激烈交锋。谷歌的语音助手Google Home 发挥了发现用户需求的作用，这是因为用户与 Google Home 的对话内容中包含了用户的兴趣爱好和关注点，这便是用户的需求。例如，用户向 Google Home 传达了想预约下周出差的机票和酒店的需求之后，Google Home 会根据用户的期待推荐合适的班次和酒店。

除了直接对话之外，Google Home 还会识别家庭内部所有的声音，并能对这些声音信息进行分析，甚至掌握家庭成员的想法和性格等信息。

若 Google Home 能够发现用户的需求，那么未来可能会出现以下场景：

傍晚，在起居室休息的家庭，电视旁放置着 Google Home 语言助手，当孩子对父母说"肚子饿"时，父母回答"今晚就去外面的饭店吃饭吧"。根据声音信息，Google Home 可以瞬间提示去往餐厅的出行方式和家庭成员的喜好。

若能够对 Google Home 所收集到的庞大的个人数据和消费行为进行分析，以上设想就很容易成为现实。数年之后，也许还可以掌握用户的出行类型和嗜好，提前预测消费者接下来的行动。一旦可以掌握用户详细的个人信息，不单是出行和体验，还能提供比如今呼叫、选择的共享出行服务商更为先进的服务。谷歌已看准了这样的商业平台在未来的必要性。

## 移动出行行业的未来

Alphabet 还关注顾客购买后的体验，比如用户购买一架很难操作的无人机，其中，有会操作的人，也有完全不会操作的人。对于不会操作的人来说，哪怕再多付点钱也希望有人能够教授其操作方式。

实际上，美国和意大利已经实现了这一愿景，在网络购物平台购买科技产品之后，会有专家负责配送到家，为用户说明产品的使用方法并提供组装服务，这一系列的服务被称为"Enjoy"（享受）。商家通过提升售后的用户体验，进而提升产品的价值。数字化世界中的网络售后体验将扩大到现实世界中来。

若能降低移动出行成本，使出行变得容易，那么自然能够降低"Enjoy"服务的费用，除了餐厅和美容院会提供接送服务之外，还可以让厨师和美容师去用户家中进行烹制料理、提供美容等服务。

网络购物体验的内容不断延伸，移动出行体验也将超出移动出行的范围，延伸到提供空间体验价值上来（图4-4）。其目的在于，从移动出行本身延展到移动出行途中的体验。比如，可以看电影、唱卡拉OK、工作、就餐、睡觉等，车内空间的体验变得尤为重要。

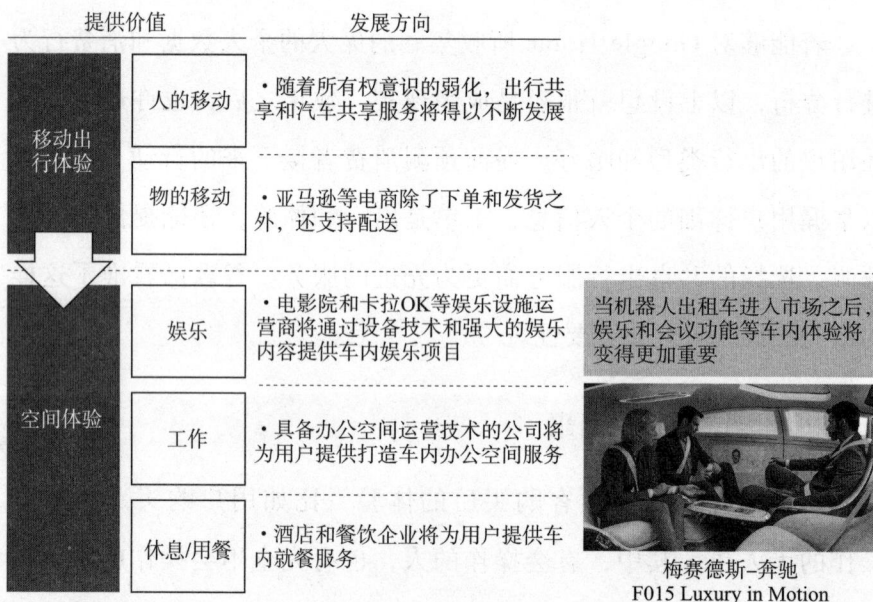

| 提供价值 | | 发展方向 |
|---|---|---|
| 移动出行体验 | 人的移动 | ·随着所有权意识的弱化，出行共享和汽车共享服务将得以不断发展 |
| | 物的移动 | ·亚马逊等电商除了下单和发货之外，还支持配送 |
| 空间体验 | 娱乐 | ·电影院和卡拉OK等娱乐设施运营商将通过设备技术和强大的娱乐内容提供车内娱乐项目 |
| | 工作 | ·具备办公空间运营技术的公司将为用户提供打造车内办公空间服务 |
| | 休息/用餐 | ·酒店和餐饮企业将为用户提供车内就餐服务 |

当机器人出租车进入市场之后，娱乐和会议功能等车内体验将变得更加重要

梅赛德斯-奔驰
F015 Luxury in Motion

图4-4 提高空间体验感

数字化世界充分结合科学技术之后，将不断回归到现实世界和人类自身。因此，谷歌等公司的目标是，充分利用人、车辆和城市信息，占据移动出行领域的霸主地位。

# 第五章

## "行业巨头"——软银集团的竞争战略

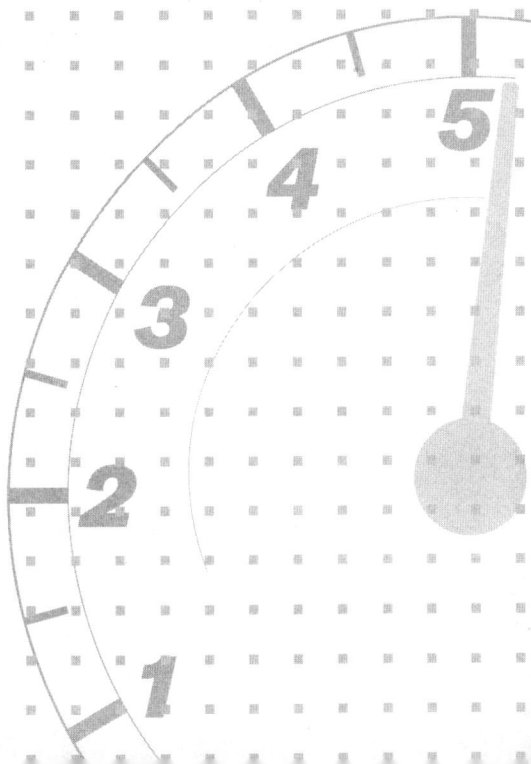

在日本，软银集团无人不知、无人不晓，2017年纯利润高达1万亿日元，"父亲变身为狗"的"白户家"系列广告也令人印象深刻。

提到软银集团，也许还有很多人的脑海中浮现的是2005年软银集团成为日本职业棒球队福冈软件银行鹰（Fukuoka SoftBank Hawks）的所有者。

软银集团董事长兼总裁孙正义不仅在日本拥有较高的声望，在世界经济舞台上也是一位知名度较高的经营者，长期活跃于世界各个领域。

从创业到现在已过去40多个年头，软银集团在孙正义独具创新的经营意识和他对IT行业长远的规划下，成功跻身全球化企业行列。软银集团接下来的目标也是移动出行领域，本章将着重探讨软银集团在移动出行领域的战略方向。

## 通过庞大的投资资金不断扩大规模

### 致力成为"行业第一"的软银集团的"群战略"

如今，软银集团已成为一家无人不知、无人不晓的大企业，但过去它只是一家从事计算机软硬件开发和图书出版的投资企业。软银集团通过投资雅虎和阿里巴巴等互联网企业全面开展新业务，与雅虎日本（Yahoo!Japan）合资成立了Yahoo!BB，发展宽带业务；通过收购全球最大的移动运营商之一——英国沃达丰集团的日本子公司、取得苹果iPhone的日本代理权，进军移动电话领域；另外，还通过收购美国电信运营商Sprint，不断扩大全球化事业的版图；近期，软银集团又收购了谷歌旗下的机器人研发公司波士顿动力（Boston Dynamics），与美国打车服务公司优步签订了战略投资协议，并开始投资各个领域的独角兽公司[①]。以上一系列的动作引起了业界的普遍关注。

孙正义年轻时就曾通过多家媒体公开表示"争做第一"的愿景，如今他已带领软银集团取得了举世瞩目的成就，从创业到现在已过去40多个年头，但是孙正义坚持的"争做第一"的战略丝毫没有动摇。"第一思想"的具体内容就是孙正义在1999年提出的"群战略"，这一战略是软银集团未来的关键，因此在此做简要说明。

---

① 独角兽公司是投资界对估值超过10亿美元、创办时间相对较短（不超过10年）且还未上市的公司的定义。——译者注

所谓"群战略"，简而言之就是"将各个领域第一名的企业集合起来，成为相互合作的企业集团"。为了践行"群战略"的经营理念，软银集团将特定地区和特定领域第一名的企业集合起来，形成纯持股公司（Web 型组织）的组织形态，但软银集团的战略并不是统一为投资企业冠上"软银"的品牌，而是让这些企业形成独立且分散的企业集群。

那么，孙正义提出"群战略"经营理念的契机是什么呢？在软银集团第 38 次股东大会上，孙正义从生命起源获取了灵感，他发表了以下言论：地球上已知最早的生物体是细菌，细菌之所以能够繁荣发展是因为其具备"自我繁殖"和"自我进化"的能力。地球环境时常发生剧烈的变化，比如小行星碰撞会改变地球的气候，地球每 10 万年就要进入一个冰河时期等，科技行业的环境与地球环境一样时常发生骤变。为了使软银集团成为未来 300 年仍可实现持续成长的企业，必须赋予它"自我繁殖"和"自我进化"的能力，这便是"群战略"。

## 日本"财团战略"和软银集团的"群战略"存在本质上的差异

日本的"财团战略"看似与软银集团的"群战略"相同，但实际上却有本质上的差异。财团指的是以资本为纽带，由母公司和银行、商社、保险、重工业、建筑和房地产等各产业的子公司组成的企业集团，日本最具代表性的财团有三井、三菱和住友等。战前及战后的一小段时间内，市场还是以日本国内为中心的，财团占据日本国内各产业的前三位，空前繁荣。

日本财团也拥有众多不同领域的子公司，这是业界认为财阀集团的结构和"群战略"相似的原因。但是随着全球化的发展，二者之间的差异逐渐显现。比如，在日本排名第一位的企业的世界排名多数情况下只能是第五到第十位。那么，财团有可能由世界排名第六、第十二和第三十位的企业组成。

针对以上问题，孙正义表示："要想优先使用自己集团的产品和服务，只能与弱者合作，想使用排名第一的公司的产品，但最终还是选择了排名第八位的财团内部的子公司的产品。因为不使用这家公司的产品的话就无法体现合作关系。财团果真是强劲的集团和组织吗？我并不这么认为。"因此，"追求第一"这一点并不是财团的特征。

## 凭借雄厚的资金实力大力投资具有发展潜力的新兴领域

在践行"群战略"的过程中，软银愿景基金（Softbank Vision Fund L.P，SVF）发挥了重要作用。软银愿景基金是 2017 年软银集团和沙特阿拉伯公共投资基金（Public Investment Fund of Saudi Arabia，PIF）共同成立的全球最大的私募股权风险投资基金，主要针对有助于建立和发展信息革命下一阶段基础平台的企业进行投资，投资的特点是规模大、周期长。

软银集团的战略财务总监拉吉夫·米斯拉（Rajeev Misra）担任软银愿景基金的首席执行官，负责制定具体的投资方向。据报道，软银愿景基金的投资资金规模超过了 10 万亿日元，这一数值超过了全球所有投资基金的运作资金总额。从如此庞大的投资规模可以看出孙正义立志打造未来第一企业的决心。

软银愿景基金目前最为重视的领域便是移动出行领域。积极开展移动出行领域投资事业的并非只有软银愿景基金，几乎所有的风

险投资基金都在 AI、移动出行和新能源技术领域开展投资事业。众
所周知，谷歌也加入了投资行列。谷歌加入移动出行领域的目的是
收集庞大的数据，而软银集团的目标则是通过投资有发展潜力的企
业，获得在各个领域的绝对领先地位。

2018 年 5 月，软银愿景基金向美国通用旗下的自动驾驶公司
Cruise Automation 投资了 22.5 亿美元。Cruise Automation 对于谷
歌和 Waymo 的母公司 Alphabet 来说是强大的竞争对手，对 Cruise
Automation 的投资正说明了软银集团发展移动出行领域事业的坚定
决心。

对于汽车制造商的发展动向将在下一小节作详细说明，在此仅
简要介绍。通用在汽车制造商中处于领先地位，并且已经看清了未
来的发展趋势，认为汽车制造商必须逐渐向移动出行服务提供商转
型。因此，通用于 2016 年收购了 Cruise Automation，强化其在移
动出行服务领域的实力。

如上所述，软银集团的投资方向看似杂乱无章，缺乏统一性，
但可以确信的是，软银集团的目标十分明确，就是成为所有领域的
第一名，积极对具有发展潜力的领域进行大规模的投资。软银集团
近期的投资目标是移动出行领域，孙正义表示："我们的投资特点不
是在狭窄领域缓慢地开展投资事业，而是纵观世界发展全局，进行
全方位的投资。"

今后，除了移动出行领域之外，软银集团还将通过对未来发展
趋势的预判，不断扩大投资范围，加大对能源和通信等领域的投资
规模。

## 🚗 共享出行服务的发展潜力

### 以共享出行服务为切入点，进军移动出行领域

至此，相信读者朋友已充分了解了软银集团进军移动出行领域的坚定决心，下文将围绕移动出行领域的共享出行服务展开探讨。首先需要明确的是共享出行服务的定义。所谓共享出行服务指的是，像出租车那样由司机驾驶车辆，乘客根据出行方向和目的地以共享和合乘的方式与其他人共享车辆的新型移动出行方式。除了共享出行服务之外，还有汽车共享服务。共享出行服务和汽车共享服务是两个完全不同的出行方式，汽车共享服务指的是用户共享同一辆汽车，并需要自己驾驶，而共享出行服务是由专门的司机驾驶车辆，乘客以共享和合乘的方式与他人共享车辆。

如上所述，近期，软银集团的投资重点是移动出行领域，目前已对共享出行服务商优步、滴滴出行、Ola 和 Grab 进行了投资。从各地区的市场份额来看，北美的优步、中国的滴滴出行、印度的 Ola 和东南亚的 Grab 均占据各自地区共享出行市场的主要份额，软银集团向以上 4 家共享出行领域巨头进行了投资，实际上已掌握了共享出行服务商的操控权。

在软银集团第 38 次股东大会上，孙正义表示："目前共享出行领域的行业巨头有优步、滴滴出行、Ola 和 Grab，这 4 家共享出行服务商的日均用户使用次数已达到 4500 万，从世界范围来看，除了

大城市之外，其他地区尚未具备完善的电车和地铁交通网，掌握以上 4 家服务商的操控权，等同于将下一代的交通平台、世界上最大的交通机构紧紧地握在自己手中。"

另外，孙正义还提及共享出行服务的交易额："近年来共享出行服务发展迅速，2017 年 4 家主要共享出行服务商的交易额高达 650 亿美元，年平均增长率为 8%。3 年之后这 4 家共享出行服务商的交易额将有望与目前的亚马逊持平。"

但是，孙正义的野心并不只是进军共享出行服务领域，他的目标在于打造城市交通的平台。软银集团的目标与谷歌的母公司 Alphabet 一致，但是二者实现目标的方式不同。谷歌是通过对数据的广泛收集和充分利用来实现搭建城市交通平台的目标，而软银集团则是通过对拥有庞大用户基础的经营者进行投资来实现构建城市交通平台的目标。

通过对优步、滴滴出行、Ola 和 Grab 这 4 家共享出行服务商的投资，软银集团将进一步稳固其用户基础，也许软银集团跨过移动出行服务商的界限，进一步成为城市交通平台、确立城市地位指日可待。

目前共享出行服务领域均为人为驾驶，快的话数年，慢的话也将在 10 年之内替换为自动驾驶。在自动驾驶技术领域，目前 Alphabet 在自动驾驶领域处于优势地位，因此，作为共享出行服务商的软银集团需要尽快掌握自动驾驶技术，加速其在自动驾驶领域的发展步伐。

## 共享出行服务商的信息能力足以撼动汽车制造商的行业地位

前文提到，软银集团的目标是构筑城市交通的平台，这也说明了软银集团旗下的共享出行服务车辆的行驶里程不断增加，共享出行服务商也实现了快速成长。这一事实预示着软银集团已经拥有了庞大的用户基础和司机群体。这意味着凭借这些基础，软银集团可以进一步扩大自身在移动出行领域的影响力。一旦软银集团成功扩大了自身的影响力，那么自然就拥有了在汽车制造商和其供应商以及众多服务商面前的话语权。

根据统计，软银集团投资的优步、Grab、滴滴出行和 Ola 这 4 家共享出行服务商现有的注册司机人数已超过 3000 万，也就是说全球共有 3000 万辆车正在提供共享出行服务。这并不只意味着软银集团拥有旗下共享出行服务商所聚集的司机群体，还意味着软银集团掌握了不同的用户需求信息。全球有超过 3000 万的司机驾驶车辆，在驾驶过程中会形成对车辆的使用方便性、性能、耐久性和成本等方面的优劣势建议。

通常情况下，汽车制造商要想了解用户的需求，需要投入较大的资金，通过用户调研的形式精练出顾客所期待的未来汽车的主要特征。如果要生产共享车辆，那么共享出行服务商已经拥有了庞大的用户基础（司机），他们熟知适合用于提供共享出行服务的汽车的特点。

将来，也许共享出行服务商能够要求汽车制造商按照它们的标准生产汽车。到那时，软银集团将实现对旗下的共享出行服务商的掌控，原本具备一定规模的优步和滴滴出行就具有较强的话语权，将众多共享出行服务商聚集之后，软银集团的影响力将空前强大。

当共享出行服务商对汽车制造商提出性能和价格方面的需求时，考虑到大客户的购买力，汽车制造商无法忽视软银集团提出的要求和价格建议，这也许将颠覆汽车行业一直以来的以汽车制造商为核心的产业链关系。

实际上，产业链上的主从关系发生逆转的案例也曾发生在航空领域。美国通用电气公司虽然不生产飞机，但它是航空发动机制造商。波音公司等飞机制造商从通用电气公司采购航空发动机，并完成飞机的组装作业。飞机制造商再将成品飞机出售给日本航空（JAL）和全日空（ANA）等航空公司。但是，一般情况下航空公司都不拥有飞机的所有权，而是通过租赁的形式获取飞机的使用权。通用电气公司旗下的商用飞机租赁与融资部门 GE Capital Aviation Services（GECAS）便是飞机租赁服务商之一。也就是说，通用电气公司不仅是为飞机制造商提供航空发动机的供应商，通用电气公司旗下的 GECAS 还是飞机制造商的客户。因此，通用电气公司可以要求飞机制造商使用其生产的航空发动机。汽车行业也可能出现以上这种情况，至今为止，丰田和本田技研的主要客户都以个人为主，通过向个人出售汽车获取收益。但是随着共享出行服务的普及化发展，个人拥有汽车所有权的情况将逐渐减少，汽车制造商的主要客户将从个人转变为共享出行服务商，而且还是一次性可以购买数百辆、数千辆的大客户，而这些共享出行服务商统一归软银集团支配。这意味着，软银集团可以要求汽车制造商使用"群战略"中的企业所生产的蓄电池和 AI 技术，这对共享出行服务商来说是难得的发展机遇，但是对汽车制造商来说有可能也是冲击。

2018 年 10 月，丰田宣布与软银集团成立名为莫奈科技（Monet Technologies）的合资企业，这表明了软银集团在移动出行领域已拥有强大的影响力。

### 车辆成为共享出行服务商的发展瓶颈

当前，共享出行服务商面临着车辆数量供给不足的问题，虽然共享出行服务尚未在日本普及，但是在日本之外的国家已被广泛使用。随着需求不断增加，车辆数量不足的问题逐渐凸显。车辆成为共享出行服务商扩大发展规模的瓶颈，这也是共享出行服务商致力于提升其在汽车行业的话语权的原因。

为了探明瓶颈出现的原因，先来回顾共享出行行业的经营模式。比如，优步通过线上平台雇用司机及其车辆，车辆是司机的个人资产。在优步上注册的司机属于"想赚钱的有车一族"，而优步没有汽车资产，也不需要花费车辆购置税和维修保养费用。在优步上注册的司机想利用空闲的时间通过闲置的车辆赚钱，而优步既不想购置车辆也不想雇用专职司机，"想赚钱的有车一族"的想法和优步的想法相互吻合，于是双方建立了双赢关系。

但是，截至目前，优步几乎已将"想赚钱的有车一族"全部拉入自己的阵营，剩下的是"想赚钱但是没有车"的人。因此，优步继续扩大发展规模面临的最大问题便是车辆供给不足。

今后，若优步想取得进一步的发展，就必须为"想赚钱但是没有车"的人群提供车辆，这就意味着优步需要拥有车辆的所有权。对于优步这样的企业来说，自然会选择低能耗的电动汽车和不需要人力成本的自动驾驶车辆。也就是说，优步改变其一直以来的经营模式，从汽车制造商处购入车辆，再把车辆出租给"无车一族"，通过向"无车一族"收取租金获取收益。一旦以上经营模式得以实现，优步就需要承担保险和维修保养费等移动出行服务相关的费用，或许将来会发展成按照行驶里程收费的服务模式。

如上所述，在航空领域通用电气公司大力发展飞机租赁业务，将购置的飞机出租给航空公司，今后在移动出行领域也许软银集团将扮演主导者的角色，购置车辆之后对车辆进行统一调配，将车辆出租给优步和 Grab 等共享出行服务商。这种经营模式将有望改写一直以来以汽车制造商为核心的汽车产业生态链（图 5-1）。

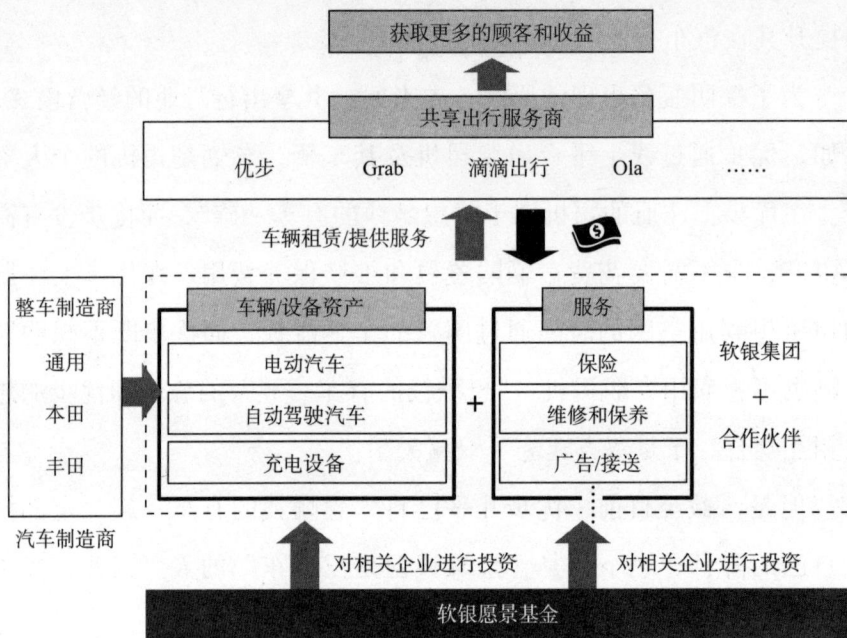

图 5-1　软银集团加快发展共享出行服务事业

## 🚗 城市交通平台的破坏力

### 在移动出行领域，平台可以创造巨大的价值

城市交通平台不仅可以将汽车制造商和共享出行服务商联结在一起，还可以将用户和共享出行服务商联结在一起。一旦实现了汽车制造商、共享出行服务商和用户的三方联合，不仅可以提供共享出行服务，还可以通过在移动空间中提供其他的服务以获取巨大的收益。若将来移动出行领域朝着这个方向发展，那么服务的内容将不断增加。谷歌的母公司 Alphabet 从多方切入，确立其城市交通平台的地位，而软银集团采取的是以移动出行领域为核心的战略方向。

在软银集团第 38 次股东大会上，孙正义指出："从交通工具的角度出发，汽车本身只是这里面的一个零部件，而平台拥有更大的价值。过去计算机是信息技术的核心，计算机的硬件已经成为计算机的一部分，而使用这些计算机的谷歌、脸书、亚马逊、阿里巴巴和腾讯等企业，作为平台拥有更大的价值。我们要成为联结交通网、交通工具以及动力的平台。"

针对日本禁止共享出行服务的政策，孙正义表示"无法相信至今还有如此愚蠢的国家"，在 2018 年软银世界大会（SoftBank World）上对日本的政策进行了强烈的批判，同时孙正义还强调了共享出行服务的益处："美国、中国和欧洲各国通过对共享出行服务需求的预判，实现了缓解交通拥堵、降低事故发生频率和匹配供需的效果。"

## 中国的共享出行服务商进军城市交通基础设施建设领域

那么，共享出行服务商的发展现状如何呢？

仅滴滴出行每日就可收集 1.2 亿英里（可绕地球 5000 周）的行驶数据，通过对司机驾驶行为的监测，可以轻而易举地为汽车制造商提供适用于共享出行服务的车辆性能信息。若能收集到有利于提升驾驶安全性的信息，那么也许可以考虑推出按照驾驶行为定价车险保费的服务，未发生事故和未违反交通规则的司机可以支付较少的保险费用。

若能将滴滴出行 5.5 亿用户信息、每年 100 亿次的出行行程信息和通过 3000 万司机获取的车辆数据与城市交通信息相结合，就可以掌握城市交通的整体情况，比如可获知路段的交通拥堵信息和造成交通拥堵的原因。通过将收集到的数据与交通信号灯相联结，就可以根据交通状况调节信号指示灯或更改车道线，同时还可以作为更改公交线路和铁路的车道数的依据。

滴滴出行通过将行驶数据与城市交通相结合，已与中国 20 个城市共同开展智能交通实践，使一部分城市的交通拥堵指数下降了20%—30%。

通过在线机器学习的智能化，可以提高移动出行需求预测的精准度，根据情况还会将大型活动赛事和天气等外部数据纳入分析范围。

充分利用精准度较高的移动出行需求信息，通过智能信号灯、潮汐车道、公交路线的数字化和改善通往机场的交通情况等方式，构筑智能城市管理系统。

滴滴出行与 30 多家汽车制造商建立合作关系，为其提供用户需求信息。此外，还在汽车贷款和汽车租赁服务领域进行布局。

滴滴出行的以上实践并非只适用于中国，这些措施很容易被推广至全球。至此，各位读者朋友应该能够充分理解共享出行服务的重要性吧。共享出行服务并不只是出租车的替代服务，更是构建城市交通信息平台的关键潜在因素。

在不远的将来，成为城市交通平台的企业将在汽车制造商、汽车产业供应商和其他相关企业中占据绝对优势。从车辆研发到租赁、保险等汽车附加服务，再到与城市基础设施的联结，城市交通平台将在以上方面获取巨大的收益。

## 🚗 与"群战略"相结合的软银集团战略方向

### 电动汽车和自动驾驶技术的结合将孕育新的价值

软银集团投资战略的特点是，对每个领域排名靠前的多位强者进行有组织的投资，这不仅是软银集团的发展策略，也是它的竞争优势。

在"群战略"的引导下，各领域纷纷超越自身原有的价值，通过开展各项事业的合作实现进一步的发展。"群战略"的核心无疑是移动出行领域。为了进一步推动移动出行领域的发展，软银集团今后也将继续扩大"群战略"的范围，继续针对移动出行相关领域展开投资。

仅凭借共享出行服务，软银集团就有极大的可能性获得移动出行领域的霸主地位，再加上软银愿景基金作为后盾，软银集团的实力不容小觑。目前，软银愿景基金仍独立进行资产管理，若软银愿景基金的投资能够创造出协同效果，那么将进一步稳固软银集团在移动出行领域的地位，也许这也将成为颠覆汽车行业认知的一次改革。

当电动汽车和自动驾驶技术得以普及，采取"群战略"的软银集团将产生怎样的破坏力呢？接下来将在这一背景下展开探讨。

## 电动化和自动驾驶技术将推动共享出行服务商的发展

本书第一章提到，从技术层面来看，电动汽车将比自动驾驶技术更快普及。那么，在电动汽车普及之后，世界将呈现怎样的景象呢？

一旦电动汽车在世界范围内普及，共享出行服务商所使用的车辆自不必说，个人购置的车辆也将被电动汽车取代。到那时，电动汽车还将发挥储电器的作用，同时具备充电和放电功能，可根据实际情况选择电池的用途，并支付或获取相应的费用。可实现的功能包括 V2H、V2B、V2G 等，另外还将实现虚拟发电所[①]（Virtual Power Plant，VPP）的功能。

实现电动汽车储电器的功能需要充足的充电基础设施做支撑，若无法保证充电站的数量和现有的加油站数量一样多，就无法推动电动汽车的商业化。 当时，为了让 Yahoo!BB 登上宽带行业第一的宝座，软银集团在街上免费分发 ADSL Modem 调制解调器，现在若软银集团采取同样的举措，积极在各地配置充电设备将会带来怎样的成果呢？

各共享出行服务商将电动汽车租赁给个人，并配置充电设备，将推动电动汽车的极速普及，同时，这也是加快共享出行服务商发展速度的催化剂（图 5-2）。这些充电设备不仅可以供共享车辆使用，还可以为个人购置的电动汽车提供充电服务，软银集团将掌握主要城市充电设备的配置数量，也许还将通过统一调配实现充电设

---

[①] 通过电网将大规模能源联结，使之发挥发电所的作用，通过虚拟电所的运行机制可实现传统能源和新能源之间的互补协同调度和电网的优化运行，提高能源利用效率。
　　——译者注

备使用效率的最大化。除此之外，软银集团还可通过充分利用联网电动汽车的电池，为地区和电力公司提供能源服务，甚至还可以与个人和共享出行服务商开展能源服务。若能够在能源服务、租赁服务和保险服务等移动出行之外的领域获取收益，就可以稳固共享出行服务商的经营活动，实现可持续的发展。

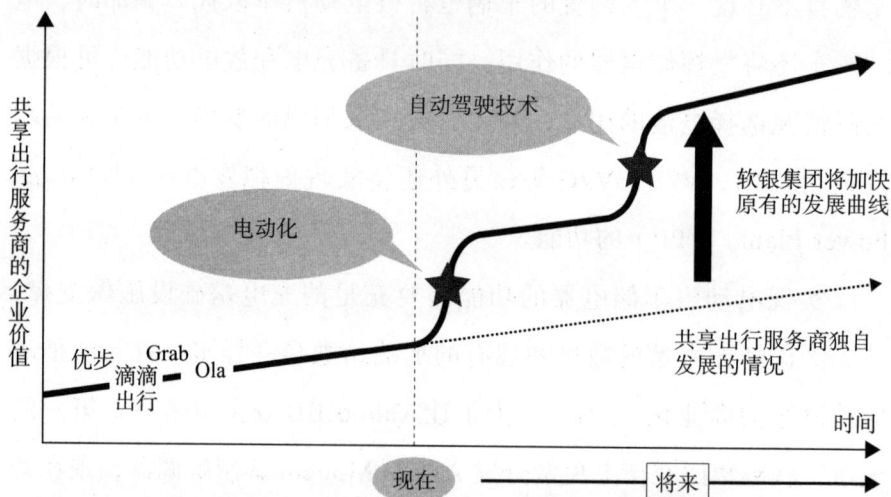

图 5-2　尽快实现电动化和应用自动驾驶技术可以极大提升企业的价值

　　将来，当通过蓄电池驱动的自动驾驶汽车在世界上普及时，就可以将目前已建成的电动汽车充电桩网络投入自动驾驶服务的发展中。自动驾驶汽车的普及将进一步改善共享出行服务商的收益结构，因为目前人工费用占共享出行服务商运营总成本的 60%—70%，若可以省去这些人工费用，共享出行服务商的收益将进一步增加，发展速度也将进一步加快。

## 电动汽车和自动驾驶技术催生的全新的经济圈

软银集团已开始进军能源领域。东日本大地震之后，为了扩大和普及安全安心的自然能源的使用，软银集团和 SB Power 公司发展新电力事业，SB Energy 着重发展大规模太阳能发电和风力发电事业。

另外，在自动驾驶领域，软银集团通过投资 Cruise Automation 等公司，已获得了自动驾驶技术所必需的 AI 和软硬件基础。若软银集团能够充分利用以上技术，就可以创造出全新的移动出行世界。

在纽约曼哈顿，优步的自动驾驶车辆穿行在城市的各个角落。自动驾驶车辆的制造商是通用，除了优步之外，通用还为滴滴出行、Grab 和 Ola 提供车辆。软银集团所投资的通用实现了自动驾驶汽车的量产并确保了低成本制造，通用所制造的自动驾驶车辆的价格在全世界都具有竞争优势。市中心各处都配置有快速充电桩，形成了高密度的充电设备网。充电设备网也是由软银集团引进的，由优步和行政机关达成合作，软银愿景基金对生产充电桩和电池相关企业进行投资，引进产品和服务。

优步还通过为个人和其他公司的车辆提供充电平台获取收益，快速充电桩内配置了快速充电的电池，在车辆未进行充电时，还可以发挥调节地区用电的功能。软银集团投资的服务商负责通过预测车辆和用户的行为统一调配这些充电设备，也就是说，纽约所有使用这些充电设备的车辆都在软银集团的监测之中。

并非所有的车辆都将被替换成自动驾驶汽车，也有汽油车行驶在纽约街头。但是，由于汽车制造商已停止生产汽油车，因此大部分汽油车都是旧车。不管是共享服务使用过的车辆，还是即将用于共享服务的车辆，在旧车市场占据绝对性地位的企业都是软银集团的"群战略"成员。

另外，软银集团还通过获取纽约市地铁和巴士等其他交通工具的信息，为城市提供交通信息平台，用于缓解全市交通拥堵和信号灯调整。软银集团所构筑的交通信息平台将在全世界范围内引发需求。

如果以上设想得以实现，软银集团将成功创建获取城市交通信息的平台，除了共享出行服务之外，软银集团还将与其他交通基础设施相联结，在城市中建设充电基础设施，并通过充电设备开展能源服务。城市交通信息平台不仅可以提升软银集团所提供的服务的价值，对于个人和其他的服务商来说，也是不可或缺的。

在实现以上服务和构筑城市交通信息平台的过程中，软银集团将凭借软银愿景基金雄厚的资金实力，不断投资新服务和新技术，寻找能够产生协同效果的"源动力"。保持持续的良性循环，软银集团将取得移动出行领域持续性的竞争优势。

# 第六章

## 汽车制造商的战略

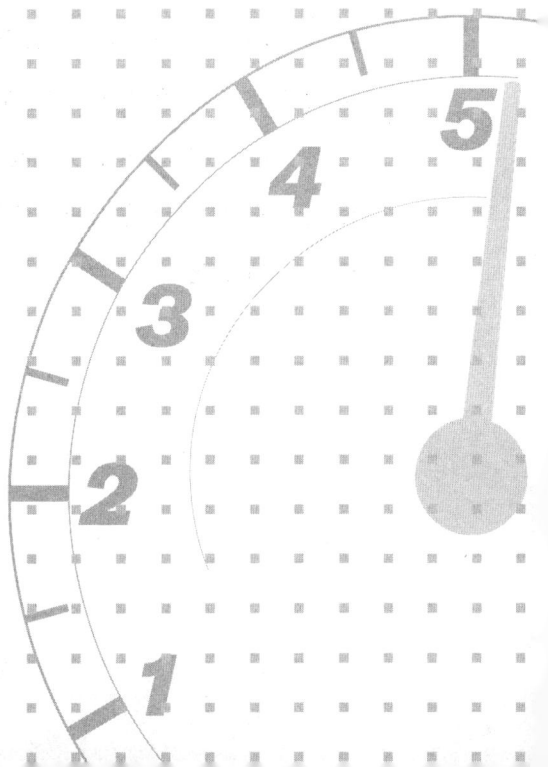

第四章和第五章介绍了谷歌和软银集团两大顶尖科技巨头进军移动出行领域的动向和战略方向。汽车行业是制造业的标杆,至今已有 100 多年的悠久历史。在变幻莫测的时代背景下,若汽车制造商不采取任何行动,那么将很快面临瓦解。因此,为了在竞争中存活,各汽车制造商也开始不断摸索新的战略方向,以实现持续性的发展。

随着跨行业竞争和跨行业合作的不断发展,产业结构和竞争结构都变得越发复杂,数字化革命带来了世界经济环境的变化。以汽车制造商为核心的汽车行业将如何应对这一变化趋势呢?

本章将深入探讨汽车制造商、出租车等原有的移动出行市场参与者和具备 IT 背景的、新加入"战场"的移动出行服务商的动向,从中概括移动出行经济的未来。

同时,本章将通过分析汽车行业所面临的众多战略课题和新加入"战场"的 IT 界移动出行服务商的动向,概括事业环境和竞争环境的变化,明确汽车制造商的威胁因素,探讨汽车制造商可采取的应对策略。汽车行业所面临的战略课题中最为重要的是预判今后将发生巨大变化的移动出行领域,特别是移动出行领域中"人的出行方式"的变化。

## 🚗 在急剧变化的经济环境下，汽车制造商该采取的战略

### 服务行业和车辆生产两个方向

2018 年 10 月，丰田和软银集团宣布达成移动出行领域的合作协议，共同成立名为莫奈科技（Monet Technologies）的合资企业。2019 年 3 月，本田技研和日野汽车公司宣布向莫奈科技注资并开展业务合作。汽车制造商和软银集团的合作说明了汽车行业在数字化和服务化的发展潮流中，已被迫走上了转变经营模式和合作共赢的道路。

目前，汽车制造商的战略方向大致可分为以下两个：一是向服务商转型战略，通过充分利用至今为止积累起来的移动出行领域的技术，进军数字化服务领域；二是坚持汽车制造商战略，不改变原有的汽车制造商的地位，在数字化服务普及之后继续生产和制造车辆。即基于"术业有专攻"，在硬件和软件服务上进行分工，实现在各自领域价值最大化的战略。也有尚未表明是否将进军移动出行服务领域的汽车制造商。

随着"CASE"的发展，原有的市场基础将逐渐崩塌，本章将探讨在自动驾驶技术商业化的移动出行服务市场，汽车制造商应采取怎样的应对策略。首先，概括一下汽车制造行业巨头的主要动向。

### 瞄准服务商市场的通用、大众汽车和戴姆勒

采取向服务商转型策略的代表性汽车制造商有通用、大众汽车和戴姆勒。目前，在移动出行服务市场，数字化企业处于领先地位，以上汽车制造商也通过提供同样的服务加入竞争。

在各大城市，用户从拥有车辆的所有权转变为拥有车辆的使用权的趋势越发显著，其中最具代表性的形式就是汽车共享。在此背景下，通用的 CEO 提出了进军移动出行服务市场的战略，开展汽车共享和租赁汽车相结合的全新的移动出行服务——Maven。

在这项新事业中，Maven 充当租赁中介的角色，为希望将汽车租赁出去以获取收益的用户和想要租赁汽车的用户提供服务，这一服务模式与优步相同。通用之所以开展 Maven 事业，是因为在这样的模式下，企业无须拥有商业用车的所有权就可开展移动出行服务，而且除了作为汽车制造商面向个人出售汽车的收益之外，还可以通过附加的移动出行服务获取其他收益。

大众汽车的想法和通用一致，认为随着自动驾驶技术的商业化，拥有汽车的用户的想法也将发生变化，今后所有权归个人所有的车辆数量将不断减少。据大众汽车推测，许多人认为车辆只是一种交通工具，在这些人当中，不拥有车辆的所有权、仅在想使用的时候使用车辆的人将不断增加。在以上想法的支撑下，大众汽车推出了MOIA 服务，将汽车共享、共享出行和汽车租赁等各种移动出行服务进行整合，全方位获取用户的需求信息，为用户提供便利的出行服务。大众的目标是在 2025 年之前进入世界移动出行服务商行列的前三名，从这点可以看出大众发展移动出行服务事业的决心。

戴姆勒除了开展自身的业务之外，还积极与其他企业建立合

作关系。戴姆勒与法国汽车租赁公司 Europcar 共同成立了合资企业，在城市提供 car2go 汽车共享服务，采用自由流动式即时共享体系，租车人无须到指定地点便可租车和还车。从 2008 年开始推行的 car2go 项目已在一部分城市实现盈利，为了进一步扩大汽车共享项目的事业范围，戴姆勒成立了独立的分公司。另外，戴姆勒还收购了德国的打车软件开发商 Mytaxi。2019 年 12 月，戴姆勒宣布与宝马成立合资公司，经营汽车共享、共享出行、停车服务和电动汽车充电服务等移动出行服务。为了和极速占领世界移动出行市场的优步等新兴势力对抗，汽车制造商展现出了强硬的态度。

### 以自动驾驶和共享出行为核心的投资战略

通过汽车销售获取主要收益的汽车制造商正在积极与共享出行服务商及拥有先进技术的 IT 行业巨头开展合作，并进行相关投资。

第四章已提到，沃尔沃和奥迪，以及雷诺、日产和三菱联盟已与谷歌展开合作，预计将在新型车辆上搭载谷歌研发的车载信息娱乐系统 Android Automotive。本田技研也与 Alphabet 旗下的子公司 Waymo 达成了自动驾驶技术的合作协议，2018 年 10 年，本田技研宣布与通用建立合作关系，向通用旗下的自动驾驶公司 Cruise Automation 投资 7 亿 5000 万美元，在之后的 12 年时间里，预计将追加约 20 亿美元的投资。

共享出行服务商和汽车制造商也加快合作的步伐。丰田已与优步和 Grab 等占据各地区主要市场份额的共享出行服务商建立合作关系，2018 年先后进行了大规模的投资动作。另外，丰田还通过和软银集团的合作，极速缩小与移动出行服务领域的距离，软银集团也于早期投资了移动出行服务领域的初创企业。但是，至今为止，丰田并未采取独立开展服务的战略。比起移动出行服务领域，丰田将更多的精力放在可提供多元化服务的 e-Pallete 概念车的开发上，展示出了以联网汽车为核心的战略方向。丰田将为日本交通等出租车公司提供联网汽车 JPN TAXI，也将为其他服务商提供联网汽车。

除了丰田之外，还有许多汽车制造商都进行了共享出行服务领域的投资，本身也提供移动出行服务的通用投资了美国排名第二的共享出行服务商 Lyft，大众汽车公司投资了以色列的 Gett 公司。从以上动向可以看出，汽车制造商都想提前在共享出行服务市场打下基础。

## （图标）"CASE"时代的移动出行服务

### "随叫随到"的出行服务将形成良性循环

本书第二章提到，未来用于移动出行服务的交通工具主要是机器人出租车。一直以来，汽车制造商都通过汽车的生产和销售获取收益。若汽车制造商想靠自身的力量提供无数字化的移动出行服务，应该如何实现呢？汽车制造商是否有足够的力量对抗占据竞争优势地位的高科技企业，或者说，汽车制造行业能否共存共荣？要实现以上目标，汽车制造商可以采取怎样的战略呢？为了探明以上问题，首先需要明确的是，移动出行服务是在网络外部性的原理下形成的。

首先，以出租车为例说明当前的移动出行服务的结构特征。在日本的大部分城市，车站前都会停放出租车，在主要道路上也有许多出租车穿行，因此没有必要通过电话呼叫，但是在国外和日本的乡村，多数情况下乘客还是通过电话呼叫的形式使用出租车服务的。

选择呼叫出租车的乘客都是当下有出行需求的人，因此随叫随到的出租车公司会给乘客留下好印象，也许乘客下次会继续选择该公司的服务。随着乘坐次数的增加，出租车公司的业绩也随之提升，司机的收入也会相应增加，这会吸引更多的司机加入这家出租车公司，而这对于出租车公司来说可以增加可供调度的车辆，以上因素会形成一个良性循环。

日本最大的出租车公司是 Japan Taxi 株式会社，该公司已推出了可在日本全国范围内呼叫出租车服务的应用程序——Japan Taxi。Japan Taxi 将日本全国约 7 万辆出租车通过平台联系到一起，实现"随叫随到"，数量占日本全国总出租车数量的 30%。但是，实际上使用 Japan Taxi 平台呼叫出租车的人数仅占出租车用户总人数的 10%，若能够提供"随叫随到"的服务，将大大提升出租车的使用率。

实现"随叫随到"是重中之重，若无法做到在呼叫之后快速到达，那么无论应用程序的功能多完善、支付方式多方便、司机服务态度多好，使用这个叫车软件的人数也不会增加。

### "CASE"时代的移动出行服务将通过网络外部性得以强化

整个移动出行服务领域亦是如此，尽早实现"随叫随到"是决胜的关键。加上网络外部性的影响，移动出行领域的市场份额竞争将变得愈发激烈。

共享出行服务不仅有司机，也有用户，司机希望通过增加共享出行用户的数量实现收益的增长，而用户希望能够更快速、安全地到达目的地，因此更多的用户会选择"随叫随到"的共享出行服务。而更多的服务呼叫与更多的收益挂钩，因此司机会选择呼叫频率更高的共享出行服务，而且会集中在使用频率较高的地区。若车辆保有量增加，"随叫随到"共享出行服务的发展将进一步加速。

"随叫随到"服务形成良性循环，最早获得司机资源并构建起良性循环系统的市场参与者将比后进入市场的参与者更有优势，也就是所谓的先发优势。

反之，呼叫之后迟迟无法到达上车点的出租车和共享出行服务，今后将逐渐失去用户基础。除了出租车和共享出行服务之外，在移动出行服务领域还有公交车和电车等价格低廉且时间固定的公共交通工具。即便出租车和共享出行服务具备独特的优势，但若无法提升其服务品质，就有可能被其他移动出行服务抢占顾客资源。

### 抢先一步进入市场的企业将占据竞争优势

在互联网时代背景下，若先进入市场的移动出行服务商能够持续保持良好的服务品质，那么后发者抢占市场份额的可能性就较低，但是后发者也并非毫无翻盘的机会。

比如，在先发者已获得较多市场份额的地区，后发者可以通过奖励措施抢占司机资源，对所有司机实行统一的奖励方式。另外，构建起"随叫随到"服务系统的同时通过广告宣传的方式提高顾客的认知度，这样就有逆风翻盘的可能性。从理论上来说，后发者确实有翻盘的机会，但是先发者不可能眼睁睁地看着市场份额被竞争对手抢夺而无动于衷。在察觉到后发者的动向之后，先发者为了扩大市场份额也许会着眼于服务品质的提升，并采取加大奖励力度的应对措施。今后，移动出行服务商也许会陷入无限重复推出奖励措施的循环之中，结果最先进入市场的先发者将占据有利的市场地位。因此，即便后发者和汽车制造商也提供与先发者一样的移动出行服务，也很难在竞争中取胜。

北美最大的私人共享租车平台 Turo 和通用最新推出的 Maven 平台存在较大的差异。从用户的角度来说，私人共享租车服务可以根据不同的使用场景选择不同的车辆，而汽车租赁服务的车辆类型相对受限，两者是完全不同的服务，用户眼中的差异正是私人共享租车服务的附加值所在。对于车辆所有者来说，若能够在拥有大量用户的平台上注册，就可以获得更多收益，因此车辆所有者偏向于选择拥有绝对用户优势的平台，这样一来，拥有较多用户的平台就可以聚集更多的车辆，以上良性循环就是 Turo 的竞争优势，同时也是网络外部性的结果。

当后发者在抢占市场份额的竞争中使出浑身解数仍无法实现翻盘时，就会考虑退出竞争或者出售资产，大规模的移动出行服务商也不例外，优步就向 Grab 出售了东南亚的市场份额，向滴滴出行出售了中国的市场份额。优步拥有雄厚的资金实力，可以一次性筹集数百亿日元的资金，但是在后发者的市场中也很难实现逆转。

当市场先发者出现服务品质下降的情况时，也许会出现后发者逆转的机会。但在这个时候才急匆匆进入市场恐怕为时已晚，为了在出现逆转机会时成功翻盘，后发者需要在竞争激烈的时候先进入市场。

## 汽车制造商和 IT 巨头的合作

抢先进入市场的服务商通过崭新的经营模式和强大的资金筹集能力规划移动出行服务的事业版图，如第五章所述，软银集团通过大力投资移动出行服务领域，推动了移动出行服务市场的成型。通过将软银集团和各投资企业所掌握的 AI 技术、机器人技术、画像解析技术和通信基础设施相互联结，促进移动出行服务的成型，构筑起自动驾驶移动出行服务的世界。

另外，IT 行业巨头 Alphabet 也凭借雄厚的资金实力和强大的信息收集能力加入了移动出行服务市场。截至 2018 年 4 月，Alphabet 旗下的自动驾驶移动出行服务研发公司 Waymo 已在美国的 6 大州、25 个城市进行了自动驾驶汽车的路测试验。进行路测试验的车辆约600 台，每日的行驶里程约为 1 万英里，截至 2018 年 7 月，总行驶里程已突破 800 万英里。

面对 IT 行业巨头如此强劲的实力，汽车制造商的竞争优势有哪些呢？一是，能够生产安全、安心的车辆。在关于汽车的知识和生产制造技术方面，IT 行业巨头处于劣势地位。车辆的生产制造并非易事，不管 Alphabet 拥有多么先进的技术，也不管软银集团拥有多么雄厚的资金实力，都无法构建强大的价值链和精细的供应链。

凭借汽车生产制造方面的优势，汽车制造商可以采取将车辆作为竞争武器的战略方向。通过掌握汽车生产制造和供应的控制权，从而控制移动出行服务。只要移动出行服务实现商业化并不断扩大其发展规模，车辆就拥有无可替代的重要地位。不管提供怎样的移动出行服务，车辆都是满足用户需求最为重要的东西，这是在市场原理中汽车制造需要把握的方向之一。

虽然通用等部分汽车制造商想要进军移动出行服务市场，但是在服务领域，Alphabet 及旗下的谷歌拥有强劲的信息收集能力，软银集团拥有雄厚的资金实力，因此汽车制造商很有可能在竞争中失败。对于汽车制造商来说，最为重要的是找到合适的定位，并基于定位制定战略。

### 🚗 自动驾驶技术的实现将改变移动出行领域的商业环境

#### 因自动驾驶技术的实现而重组的网络外部性

前文提到，"CASE"时代背景下的移动出行服务由于受网络外部性的影响，后发者实现逆风翻盘的可能性很小。但是，随着"CASE"的不断发展，移动出行服务领域将会出现后发者逆风翻盘的局面，而出现这一情况的关键因素就是自动驾驶技术。

一旦自动驾驶技术得以实现，现有的共享出行服务和出租车等有人驾驶的移动出行服务都将被无人驾驶的机器人出租车取代。在这种情况下，网络外部性将被重组，市场先发者的优势地位也可能不复存在。

但是，这种可能性也会因用户看待机器人出租车的态度而发生改变。若较多的用户认为机器人出租车是有人驾驶移动出行服务的延伸，两者的服务性质一致的话，那么先进入市场的企业将保持竞争优势。但是，若用户认为机器人出租车服务和有人驾驶移动出行服务不同，那先发者和后发者将进入全新领域的竞争。在这种情况下，服务运营公司需要重新构建机器人出租车的用户基础，先发优势将被打破、重组，企业之间将回到起跑线重新开展竞争。

接下来，让我们设想机器人出租车服务实现商业化之后用户可能持有的态度。有人驾驶移动出行服务和机器人出租车服务都是"门对门、点对点"的移动出行服务，从技术层面来说，都可以满足用户"方便且快速到达目的地"的需求，从这两点来看，两者是无限接近的服务。两者之间唯一的不同就是有人驾驶和无人驾驶。

有人驾驶移动出行服务和机器人出租车服务是同一种服务

若优先进入移动出行市场的共享出行服务商想开展机器人出租车事业，那么将会出现怎样的场景呢？比如，当用户想使用出租车服务时打开打车应用程序，界面上显示周边有有人驾驶共享出行车辆和机器人出租车，根据情况，系统有时会为用户调度提供有人驾驶共享出行服务，有时会调度机器人出租车。

系统也可能根据用户的选择来调度车辆，但是用户的需求是"尽快到达目的地"，因此不会在乎所调度的车辆是有人驾驶还是无人驾驶。

有人驾驶移动出行服务和机器人出租车服务是不同的服务

另一个就是将有人驾驶移动出行服务视为和机器人出租车完全不同的服务，或者有相关规定将二者视为完全不同的服务，对有人驾驶移动出行工具和机器人出租车的调度会出现渠道的不同。

当用户想使用有人驾驶移动出行服务时，就会打开优步的打车应用程序，想使用机器人出租车时，就会打开通用的打车软件，用户可以自己选择需要的服务。在自动驾驶技术商业化的背景下，网络外部性将被重组，这也许会给用户造成不便，但是当机器人出租车取代司机的趋势越来越明显时，或者为了无人驾驶车辆的行驶安全，有关部门意识到必须制定特定的规则时，就有较大的可能性对有人驾驶移动出行服务和机器人出租车服务进行不同的规定。

## 机器人出租车得以创造差异性的原因

即便没有相关规定，当机器人出租车服务创造出"乘坐体验良好"和"价格低廉"等差异化因素时，机器人出租车服务也将被视为与有人驾驶移动出行服务不同的服务。特别是乘车体验，可以作为主张有人驾驶移动出行服务和有人驾驶出租车之间存在差异的关键因素。

### 乘车体验的差别

机器人出租车最大的特点是通过无人驾驶让车辆变成真正的移动私人空间，根据车辆的人数限制，提供面向一人或者数人的移动出行独特服务。机器人出租车将车内变成无须在意他人的私人移动空间，进一步扩大车内空间的使用范围，比如可用于办公，也可以作为私人用途。机器人出租车有很大的可能性在乘车体验上体现出与有人驾驶移动出行服务的差异。

但是对于移动出行服务的用户来说，多数情况下他们的需求是尽快出行。为了尽快出行，用户会选择移动出行服务来代替公共交通工具和步行。在这种情况下就难以在乘车体验上体现差异。假设想在乘车体验上形成差异化，即便用户人数不多，也可将最重视移动私人空间的顾客群体视为早期使用者来拓展事业规模。

### 价格的差别

另外，两者还可以在价格层面形成差异化。在同一商品或相同服务品质的情况下，消费者不会特地选择价格高昂的商品或服务。机器人出租车可以提供比有人驾驶移动出行服务更为优惠的服务，因为机器人出租车不需要司机的人力成本支出。虽然自动驾驶技术的开发和车辆安装会提高机器人出租车的生产成本，但是与人力成本相互抵扣之后，有可能降低每千米的行驶成本。

机器人出租车可以满足用户"随叫随到"的出行需求，若在价格上比有人驾驶移动出行服务更为优惠，那么用户会更偏向于选择机器人出租车，这样一来，机器人出租车便占据了竞争优势。

但是，即便机器人出租车占据价格优势，也并不意味着可以轻易在竞争中取胜。这是因为机器人出租车的行业壁垒较低，很容易形成激烈的竞争环境。

机器人出租车业务无须确保司机数量，也无须对司机进行培训管理，只需自动驾驶车辆和统一管理车辆及用户的平台即可开展业务。在共享移动出行行业已具备一定的影响力和知名度的市场先发者已开始发展机器人出租车业务，具备品牌效应的出租车公司和汽车租赁公司也可能加入竞争。除了在私人空间的奢华品质上创造差异化的市场参与者之外，还将出现在价格上形成差异化的市场参与者。总之，机器人出租车领域将出现激烈的竞争，具体情况将在下一小节详述。

若无法在价格和服务品质的竞争中采取有效对策就无法在移动出行服务的竞争中获胜。移动出行服务商需要灵活地制定措施来应对激烈的市场竞争。

### 仅凭车辆的性能无法形成差异化优势

前文介绍了自动驾驶技术所带来的移动出行服务的变化方向，前提是用于服务的机器人出租车的性能都相同。那么，若机器人出租车的性能参差不齐，那么企业在机器人出租车领域的战略方向是否会发生变化？

首先，不管自动驾驶车辆普及到何种程度，都存在追求乘坐舒适度的用户。若企业的目标用户群是这些人，那么车辆的性能将成为差异化的要素。

但是，只将车辆作为交通工具的用户无法理解车辆的性能差异，并不会因为车辆的某一性能较佳便选择该车。比如需要搭乘车辆赶赴下一个行程时，若附近有空出租车，那么大部分商业人士都会选择直接乘坐出租车。若车内的卫生情况不佳也许会产生不悦的情绪，但也仅仅会有这样的想法，并不会转而选择其他出租车公司的车辆。若车辆规格相同，乘坐舒适度也相同，大多数情况下乘客并不会在意车辆款式和品牌。

自动驾驶汽车也一样，但是若能够通过传感器设备和车辆控制系统，在事故发生率上形成差异，那么乘客也许会选择事故发生率较低的车辆。如果安全性能不存在差别，仅凭车辆的性能差异，难以在竞争中取胜。

### 汽车制造商的战略之一：凭借车辆供给优势开展机器人出租车业务

随着自动驾驶汽车合法化的发展，汽车制造商开始生产制造机器人出租车。到商业化阶段，服务商购买用于调度的车辆的决定性因素也将发生变化。在初期阶段，比起价格，服务商更重视是否能在短时间内调度车辆。发展机器人出租车业务的初衷是为了实现"随叫随到"的出行服务，在新地区不断扩大商业版图时，服务商会考虑调度的时间因素。因此，为了拥有足够可供调度的车辆，服务商须确保汽车制造商能够供给足够的车辆，这是取得市场份额的关键因素。

根据以往的发展规律，自动驾驶车辆的合法化也将从特定地区开始。在自动驾驶车辆合法化的地区，服务商若能够确保拥有足够的车辆实现"随叫随到"服务，就可在这些地区获取主要的市场份额，确立品牌的影响力和知名度。自动驾驶领域的先发者也许在筹集资金上需要花费一定的时间，在置办车辆上也需要花费工夫，在这个时候若汽车制造商能够优先开展机器人出租车业务，就有可能拉开和先发者之间的距离。也就是说，汽车制造商也有可能占据自动驾驶市场的竞争优势。

但是，市场先发者不可能对汽车制造商的动向视而不见，他们会在最短的时间内筹集资金，在全世界范围内购置车辆。在品牌知名度和顾客基础方面，市场先发者具有一定的优势。若市场只将机器人出租车视为共享出行的延伸服务，那么先发者可同时提供有人驾驶和无人驾驶的出行服务，因此汽车制造商需要在制度层面和用户认知层面推动形成机器人出租车差异化的认识。

## 汽车制造商的战略之二：在维修和运营等优势领域形成差异化

随着机器人出租车的普及，机器人出租车市场的竞争方向将从市场份额的竞争转变为收益的竞争，成本的重要性将进一步提升。具体体现为市场参与者将越发重视减少车辆调度成本及每单位距离的维修和运营成本。由于维修和运营成本与收益直接相关，因此车辆维修和运营效率决定了服务商在服务品质和成本竞争上的竞争优势。

汽车制造商已拥有完善的经销商网络，能够在全国范围内提供维修和保养服务，因此汽车制造商不仅可以通过减少运行能耗费用、延长电池等消耗品的使用寿命以及提供快速且准确的维修和保养服务来实现车辆运营效率的最大化，甚至还有望优先着手开发有利于减少维修和保养费用的技术，完善维修和保养机制。

降低维修和运营成本的方式主要有以下两种，一种是以从联网车辆上获取的各项数据为基础，形成最恰当的服务程序和维修保养机制。另一种是除了维修和运营成本之外，通过发展金融租赁、保养和能源管理等业务获取周边经济收益，切实降低车辆的成本。特别是当前共享服务商也加入机器人出租车行业，这使行业不可避免地会面临车辆保有量等资产层面的问题。为了帮助服务商解决车辆保有量的问题，汽车制造商可发展有实际收益的金融项目并形成有效的金融体制，这也许将直接影响其在车辆供给和成本层面的竞争实力。

汽车制造商基本上都已拥有专属金融公司（captive finance company），因此可以将以上金融业务作为项目之一推进。移动出行服务商在进入机器人出租车市场时可以不拥有车辆资产，因此无须解决资金筹集问题和资产负债表的负面冲击。

除了维修和保养之外，汽车制造商还需要和现有的经销商合作，形成完善的售后维修服务体系。比如，在车辆处于空置状态时可以暂时委托管理，在维修和保养结束之后立刻让车辆恢复运营状态，减少车辆处于非运营状态的时间。这项服务依托现有的服务网便可实现。

最后关于能源管理，这项服务只有在机器人出租车依靠蓄电池动力驱动的情况下才能实现。在车辆处于非运营状态时充电，可以通过 V2G 和 V2B 等服务为电网系统和办公大楼提供电量，以此获取收益。另外，还可以通过为办公大楼和其他车辆提供电量的方式实现能源利用效率的最大化。

## 🚗 日本移动出行服务市场的未来

### 活跃于移动出行领域的新市场参与者

最后，将探讨移动出行服务在日本市场的发展方向。由于日本的制度限制，目前出租车公司和租赁汽车公司在移动出行服务领域仍占据有利地位，并且出租车公司和租赁汽车公司与汽车制造商之间的关系也较为稳固，在商业领域的分工十分明确，汽车制造商提供车辆，出租车公司和汽车租赁公司提供出行服务。

即便如此，市场对于高效配车服务这样的全新移动出行服务的需求日益增长，若优步等国外的移动出行服务先发者进入日本的移动出行领域，势必会激发其与现有出租车公司和汽车租赁公司之间的激烈竞争。为了避免这样的情况发生，出租车公司可以采取先行加入全新移动出行服务领域的策略，以稳固其事业根基。

在这样的背景下，日本交通控股集团旗下的 Japan Taxi、索尼牵头成立的"大家的出租车"以及软银集团和滴滴出行共同成立的滴滴日本（DiDi Mobility Japan）纷纷开始进军日本移动出行服务市场。在日本放宽限制时率先扩大市场规模，并为将来进军机器人出租车市场提前布局，上述企业开始在日本市场推出打车应用程序。2018年9月，"大家的出租车"公司开始通过索尼人工智能技术，提供 Green Cab 公司、国际汽车公司、寿交通公司、大和汽车交通公司、Checker Cab 公司的出租车打车服务。滴滴日本也于 2018 年 9 月在提供出租车打车服务，并且面向中国游客，提供中文和日语的文本翻译服务。

日本交通控股集团也加速引进由丰田开发生产的联网汽车 JPN TAXI，通过系统可实时监控车辆的行驶时间、行驶区域、行驶路线及载客状态等信息。同时，用 JapanTaxi 打车应用程序替代原有的电话呼叫式服务，可同步收集顾客的始发地、目的地、出行时间和天气等数据。日本交通控股集团所提供的服务和现有的出租车服务相同，但是通过在提供服务的过程中收集必要的数据，提高服务品质。

上述移动出行服务，不仅可以提高后台管理系统和司机的工作效率与服务使用的便利度，还可以通过精确的数据分析，将专业司机脑中的信息数据化，并储存在系统中。机器人出租车的服务形式与现有的共享服务形式不同，是由市场参与者持有车辆的所有权并通过车辆提供出行服务。也就是说，市场参与者需要重新审视现有的出租车服务的经营模式，放眼未来，构筑能够掌握用户需求并提供最高效服务的算法，这有助于帮助服务商为将来的发展打下稳固的基础。

## 数年之后将决定日本市场的霸主

日本之外，国外众多市场的移动出行服务竞争均胜负已决，但是日本移动出行服务市场的胜者还迟迟未定。这是因为，日本市场不是在全球范围内而是在区域内发挥网络外部性的作用。

除了共享出行服务商之外，自动驾驶领域的机器人出租车服务商也在进行数据的收集工作。所收集的数据不仅限于地形和道路信息，还包括容易发生交通拥堵的路段和天气对交通的影响程度等信息，这些信息原本只能靠专业出租车司机长时间的积累，但如今通过平台也能收集。这是因为在每个地区发展服务业务都需要区域化数据作为支撑。

比如，每当下雨时，旧金山的某个地区出租车的需求量就会急剧增加，通过数据分析可以得出下雨时车站和商业街的出租车需求量增加的结果。那么，这些数据是否同样适用于其他国家和地区呢？这些数据仅可作为参考而并不能作为用户需求数据来使用，因为何时往何处调度车辆可以最大限度地覆盖用户需求这一点，每个地区的情况都不尽相同。

确实，从旧金山下雨时车站和商业街的出租车需求将增加这一信息可以判断出，东京下雨时车站和商业街的出租车需求也可能增加，这一观点是正确的。但是这样的信息毫无意义，重要的是确定具体的场所，比如丸之内或东京车站这样具体的地点信息。滴滴日本已开始在日本提供出租车打车服务，优步也开始与一部分出租车公司合作提供出租车打车服务。优步还将在日本淡路岛和京丹后市推出共享出行试行服务。

从网络外部性的效果出发，即便日本之外的其他国家的移动出行领域巨头进入日本市场，也很难在扩大需求的同时加强供给。将季节变动因素也考虑在内，移动出行服务商想要通过数据积累达到整体运行效率最大化，至少还需要两年的时间。

### 有人驾驶的价值在于车辆和联网技术

日本市场有一个明显的特点，那就是在某个竞争者通过采取绝对低价战略让用户享受到低价服务并成功抢占一部分市场之后，其他的服务商也会采取低价跟随策略。因此，若机器人出租车以价格优势抢占移动出行服务市场，现有的出租车公司和有人驾驶共享出行服务商也有可能转而发展机器人出租车业务。

　　移动出行服务商必须牢记，根据使用情况的不同，乘客对车辆会产生多样化的需求。比如，乘客在出行过程中也许会产生需要司机介绍当地美食和观光景点的需求，或者会发生有的乘客无法明确目的地的情况，这些情况都需要司机来解决。即便价格更贵，有些乘客也愿意选择有人驾驶移动出行服务。对于这些乘客来说，司机就是形成差异化的关键因素，司机提升了有人驾驶移动出行服务的附加值。因此，未来汽车制造商可通过提供依托人工智能技术的车辆和系统创造价值，还可以通过提升有人驾驶移动出行服务的品质创造价值，也就是说有人驾驶服务也将成为竞争中的重要因素。为了在竞争中占据有利地位，移动出行服务商需要从现在开始对司机进行接待服务培训，这也是重要战略之一。

　　随着机器人出租车的普及，有人驾驶移动出行服务也许会像一席难求的饭店和酒店那样成为能够产生溢价的服务。

## 日本汽车制造商有可能掌控日本移动出行服务市场的主动权

　　共享出行服务已在全球范围内形成了一定的市场规模，但是由于制度的限制等，共享出行服务在日本尚处于发展初期，因此目前日本尚未有像优步和 Grab 这样占据主要市场份额的服务商，也没有受广大用户欢迎的打车应用程序。日本交通控股集团在东京凭借 JapanTaxi 打车应用程序的普及获得了许多竞争优势，但是这种影响力还未到达乡村。根据预测，机器人出租车业务今后将取得持续性的发展，至于日本的机器人出租车市场将会产生怎样的竞争局面目前尚未可知。

　　在这样的背景下，日本的汽车制造商今后可以采取以下两种战略。一是在认清机器人出租车发展趋势的基础上，凭借车辆供给能力，优先发展机器人出租车事业。二是发挥车辆和联网技术的附加值，通过提升服务品质和车内空间体验感，成为机器人出租车服务商选定的车辆供应商。甚至，汽车制造商还可以采取资产管理策略，通过维修保养和运行成本最小化和拓宽可获取收益的业务范围来实现收益最大化。

　　不管采取怎样的策略，网络外部性作用都是制胜的关键。因此汽车制造商需要根据策略规划，先行摸索机器人出租车事业的发展道路，同时还需要根据数字化的思维方式对企业战略、组织结构和人才等要素进行系统的变革与创新，具体将在最后进行阐述。总之，推进机器人出租车事业的发展，必不可少要进行数字化转型。

# 终章

## 冲向移动出行 3.0 世界

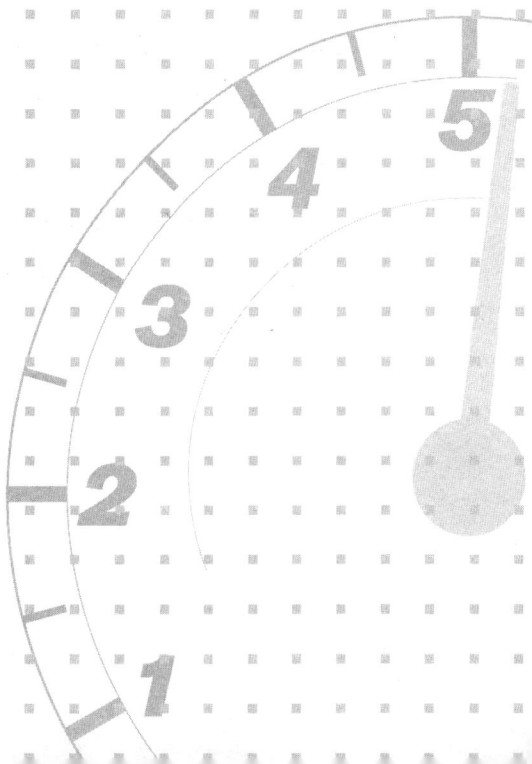

汽车制造业是制造行业的标杆，汽车工业是一个生产高度综合的最终产品的庞大生态系统，将供应商生产的数以万计的零部件集中到汽车生产流水线上，并在一分钟内组装完成一辆汽车。汽车行业以整车制造商（Original Equipment Manufacturer, OEM）为金字塔顶端，并构筑起了庞大的生态系统，在近100年的时间内生产了大量的汽车，满足了从富裕阶层到大众阶层所有用户的多样化需求。但是，近年来出于对研发循环和安全性能的考虑，移动出行行业进行了许多意在催生新变革的尝试，这让许多汽车企业陷入经营困境。在这种情况下，汽车行业内部无法有所突破，汽车行业想在移动出行3.0时代背景下取得竞争胜利的难度较大。这是因为在移动出行3.0时代背景下，以谷歌和软银集团为代表的科技巨头也纷纷加入移动出行服务领域，这将加速与现有的制造业完全不同的商业模式的发展。但是，新兴移动出行服务业务大多处于萌芽期，霸主争夺赛的号角才刚刚吹响，因此对于大多数日本企业来说尚有逆风翻盘的机会。

　　当然，想在移动出行领域获得一席之地势必要克服许多困难，取胜并非易事，但是，在竞争中逆风翻盘也是有可能的。关于在竞争中获胜的条件，本书的结尾将进行总结。

（🚗）**用破坏和创造开拓真实的未来**

近年来，GAFA[①] 等科技巨头引起了世界范围的广泛关注。任何时代都会出现打破行业常规的革新者，哈佛商业学院管理学教授克莱顿·克里斯坦森（Clayton Christensen）曾在他的著作《创新者的窘境》（*The Innovator's Dilemma*）中提出了"破坏性创新者"的概念。

通过回顾破坏性创新者的历史可以发现，大部分的破坏和创新都是从创新者在自己公司描绘未来世界开始的。在"如何实现按下按钮就可以呼叫汽车的功能"这一问题的启发下，优步的 3 位年轻人建立了出租车打车服务平台。最初阶段，优步所提供的出租车服务的费用是正常出租车的 1.5 倍，与正常的出租车相比并不具备价格优势，但是忙碌的旧金山市民注意到了优步的便利性，这让优步广受欢迎。优步的前 CEO 特拉维斯·卡兰尼克（Travis Kalanick）注意到了打车市场，他就任优步顾问之后，描绘了一幅以共享出行为核心的未来移动体验的蓝图。

谷歌也同优步一样，在移动出行服务领域与多家企业通力合作，并一跃成为连接多家企业的生态系统的核心。这是因为谷歌在开展事业初期就已描绘了一张宏伟的未来移动出行商业的设计图，而且谷歌具备挖掘周边行业顶尖人才的实力。

那么，如何才能清晰地描绘未来的发展蓝图呢？当前在日本移

---

[①]　GAFA 是 Google、Amazon、Facebook 和 Apple 的首字母组合。

动出行领域，能够引领行业创造出新产业的大企业和风险投资企业
数量甚少，这也经常被诟病为日本企业无法开辟出康庄大道的原因。
但事实并非如此，过去日本许多公司的技术水平均处于世界领先地
位，比如丰田、本田技研和索尼等。这些志向远大的创业者描绘出
宏伟的目标，不断研发核心技术，并建构起各自的生态系统。也就
是说，过去日本企业也曾是开拓未来社会的先驱者。

　　虽然继承这一民族基因的创新思维和思想还未开花结果，但是
肯定分散在各个领域。现代化经营中最为重要的是判断能力，当行
业出现微小的变化征兆时，是将它视为将来的商机加大投资，还是
将它视为不足挂齿的事业放置不管，这关系着其未来能否制胜。

### 🚗 实现移动出行

要想创造出新兴产业，首先需要密切关注商业各要素的变化，在看清现状之后描绘未来的发展蓝图，再根据发展蓝图充分调动一切资源推动目标的实现。

目前，日本企业的现状是擅长延续性创新，但难以进行破坏性创新。这一点从目前初创企业大多诞生于其他国家和地区就可看出，它们大多出现在中国、以色列、西欧和北美等国家和地区，而日本国内基本上没有知名度高的初创企业。实际上，日本针对移动出行领域的初创企业的投资规模也只有美国和中国的百分之一（图7-1）。

（单位：100万美元）

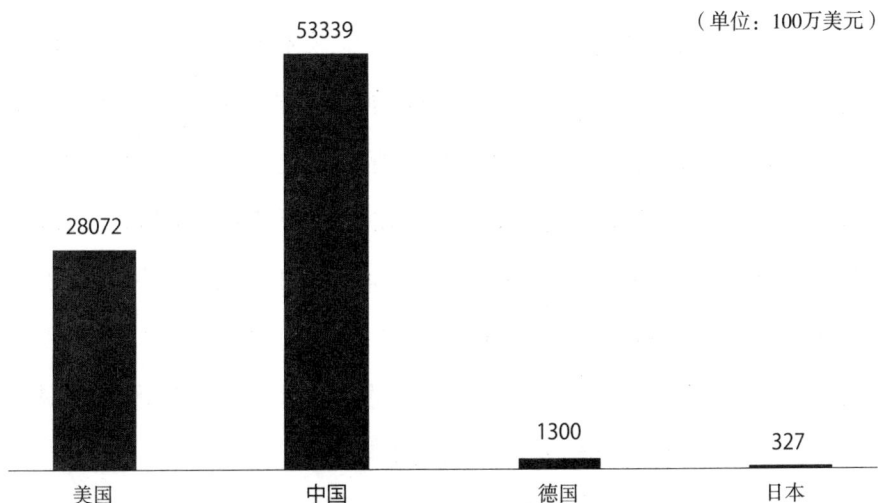

图 7-1　各国针对移动出行领域初创企业的投资规模（2017 年）

　　无法准确描绘未来发展蓝图，或者无法实现所描述蓝图的原因主要有以下两点。一是，执行层被要求在短期内做出成果，且执行层中缺乏引领员工构思未来新事业的代表性人物。二是，层出不穷的竞争企业已让管理层眼花缭乱，没有多余的精力去追赶不断发展的科学技术的步伐。想要解决以上问题，不仅需要改变管理层的思维模式，看清科技变化所带来的新事业机会，还要组建为管理层的决定提供专业支持的顾问团队，这是极为有效的方式。

　　谷歌就通过组建专业团队成功进军了移动出行领域。接下来以谷歌为例，详细介绍未来蓝图的描绘方式和实现未来蓝图的具体方法。

　　2010 年，谷歌在公司内部成立了 Google X 实验室 ① 主要负责核心业务之外的新业务的构思到商业化的全过程。谷歌的两位联合创始人拉里·佩奇和谢尔盖·布林认为，将公司的一部分资源用于投资研发周期较长且难度较大的领域是十分重要的，在他们的主导下，X 实验室正式启动。

　　拉里·佩奇和谢尔盖·布林成立 X 实验室的目标并不是让收益增长 10%，而是为了解决能够将企业的事业规模扩大 10 倍的有影响力的课题。实验室成立伊始，就已清晰制定了谷歌自动驾驶汽车项目（Google Self-Driving Car）、谷歌拓展现实眼镜项目（Project Glass）、氦气球联网项目（Project Loon）和可测量血糖值的谷歌隐形眼镜项目（Google Contact Lens）的未来蓝图，并持续推动项目落实，加上如今的风力发电和赛博空间安全等项目，谷歌所有具有较大影响力的新事业都由专业团队负责规划。

---

　　① 　在谷歌成为 Alphabet 旗下的子公司之后，Google X 实验室已更名为 X 实验室。

X 实验室有 300 多名各个领域的专业人才，除了精通电脑科学的极客之外，还有前创业者、前企业顾问、设计师和 UX 研究者等，各个领域的专业人才聚集在 X 实验室，向困难的课题不断发起挑战。

他们的工作分为两个阶段，第一个阶段是综合评价"所要推动的事业想法是否足够大胆创新、是否具有可行性"，第二个阶段是在目标确立之后实际落地执行。X 实验室在对课题进行充分的探讨和判断、并明确解决方法和技术支持之后，再决定是否进行投资。

另外，对于需要成立专门的公司独立推进的事业，也有在 Alphabet 旗下单独设立子公司的情况，自动驾驶研发公司 Waymo 就属于这种情况，另外还有 Alphabet 旗下的生命科学子公司 Verily。随着谷歌隐形眼镜项目规模的不断扩大，Alphabet 成立了独立子公司 Verily，其基于健康数据的收集和分析进行生命科学领域的开发研究。

X 实验室在评价和推进一项新事业时，首先会站在科技的角度，描绘出解决此项课题之后未来社会的景象，并设定未来社会会出现的商机和收益模式，周密地探讨应该建立怎样的商业模式才能确保公司获益。

X 实验室的成功，表明了要想准确地描绘未来蓝图，专业团队是必不可少的。接下来将具体阐述 X 实验室的自动驾驶项目。

## 对科技进步所带来的未来社会的构思

从 X 实验室收购 AI 行业巨头 DeepMind 公司的动向可知，X 实验室准确地捕捉到了新事业机会，率先进入战场，借助深度学习这一核心技术推动人工智能技术的发展。引进深度学习技术的原因有两点：一是可以极大提高自动驾驶技术所需的判断能力；二是近两年是自动驾驶汽车从试点转向大规模应用的里程碑，需大力推动自动驾驶项目的落地。

在 X 实验室成立自动驾驶部门时，设定了利用以人工智能为核心的先进技术降低出租车车费标准的目标。谁都可以轻易描绘出利用移动出行服务来进行客运和货运之后未来城市的景象，但关键的是行动。在描绘出未来城市景象之后，X 实验室联合斯坦福大学的多名自动驾驶研究领域的代表性研究学者，成立了自动驾驶研发公司 Waymo，成功启动了自动驾驶的关键业务。

## 对未来利润池变化的预测和商业模式改革

即便能够准确地预测自动驾驶实现商业化的未来和时机，但若无法明确描绘出能够产生收益的商机和行业利润池，那么企业将难以收获实际利益。有些企业会选择独立开展自动驾驶软件开发、车辆制造、出租车运营和售后维修保养等业务，但对于像谷歌这样新加入移动出行领域的竞争者来说，这样的定位是不切实际的。

谷歌擅长的战略方式是将自动驾驶车辆交由整车制造商来生产，谷歌则为汽车制造商提供车辆内置的相当于车辆大脑和心脏的软件部分。另外，当汽车不需要有人驾驶之后，将出现利用车内空间提供娱乐、广告和健康服务等方面的商机，通过将以上服务与现有的浏览器和地图等功能相结合，也许可以创建新的利润池，比如可以和希望在车内投放广告的企业和餐厅进行合作，获取广告方面的收益。

过去，汽车行业的核心是汽车制造商，如今正在发生的变化趋势将动摇汽车产业的根基，谷歌正是因为预测到了这一变化趋势，才加大力度投资新兴事业领域。

## 🚗 描绘未来的人才

　　要想实现第一阶段的目标，首先需要描绘未来社会的蓝图。但是，在错综复杂的世界环境中描绘未来蓝图，并不是某个有能力的经营者和某个天才可以做到的，而需要在与各个领域的未来学家进行充分交流的基础上才能完成。未来学家能够基于各个领域的专业知识背景，发现能给社会带来深远影响的技术，并且能够准确地预测技术进步和社会发展。

　　汽车行业的大众和戴姆勒汽车公司，以及科技行业的德国 SAP 公司和西门子纷纷聘用未来学家组成专业团队，通过不断引进优秀人才，制定未来的发展目标。引进人才的效果从以上企业的股票价格就可看出，引进人才和未引进人才的企业的股票价格指数已经开始出现较大差异（图 7-2）。

　　未来学家不仅要有特定技术领域的专业度，还需要对周边领域的技术有一定的了解和掌握，同时还必须拥有站在研究人类本源的哲学基础上更好地实现未来社会的创造力。

　　但是，从 X 实验室、IBM 和 SAP 公司所拥有的人才团队来看，大部分未来学家的专业领域都为计算机科学和计算机工程学，从这个趋势可知，计算机科学也许将成为未来的核心学科。另外，研究人类心理现象发生、发展和活动规律的心理学方面的人才也不在少数，这也许是因为创造未来社会不仅要看清在发展潮流的影响下技术的变化，还需要描绘人类心理的变化。

引进未来学家的企业VS主要企业的平均值
（美国）

引进未来学家的企业VS主要企业的平均值
（德国）

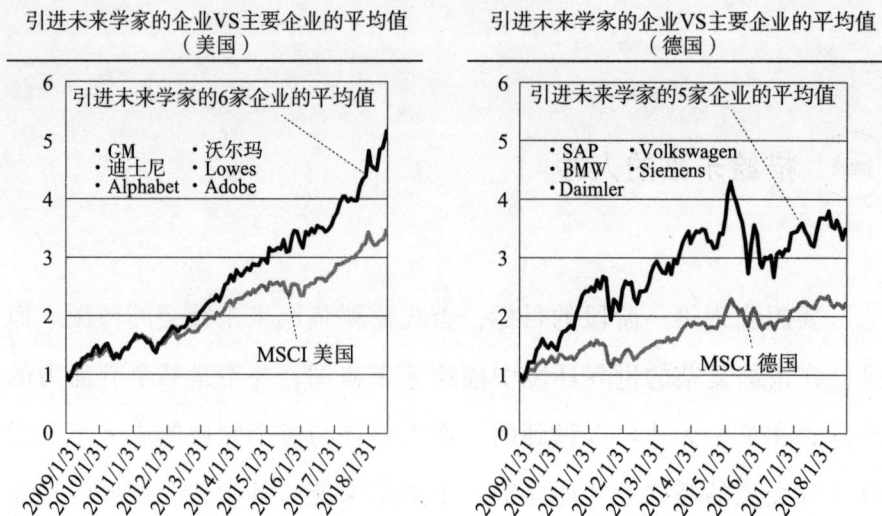

图 7-2　引进未来学家和未引进未来学家企业股票价格指数对比

　　未来学家中的代表性人物、未来学研究者雷·库兹韦尔（Ray Kurzweil）曾说过："美国数学家兼赛博朋克流派作家弗诺·文奇（Vernor Steffen Vinge）曾在 1993 年提出一种未来'超人剧变'的思想，即电脑这样的高科技机器今后将加速发展，机器将来会产生超越人类的智慧，还可能拥有意识，机器将与生物体及人类的大脑紧密结合。"

　　如今，雷·库兹韦尔作为世界人工智能领域的权威人物，正在谷歌从事 Gmail 智能自动回复功能相关的软件技术研究工作。根据库兹韦尔的预测，拥有语言理解能力的软件 Kona 将在 2029 年之前掌握与人类同等的语言理解能力。雷·库兹韦尔还频繁谈及人类寿命方面的话题，可以推测雷·库兹韦尔应该也参与谷歌医疗领域的工作，和 Calico 等众多生物技术公司共同描绘未来医疗蓝图。

　　接下来将介绍另一位举世闻名的人才，他就是拥有航空动力学背景的皮特·舒瓦茨（Peter Schwartz），现任 Salesforce① 的高级战略规划副总裁。皮特·舒瓦茨历任荷兰皇家壳牌石油公司战略规划团队的负责人，他较早地意识到了苏联解体的可能性。在皮特·舒瓦茨正确的战略指引下，壳牌成功避免了石油危机的影响。由于他的事迹，情景规划法现在已成为许多企业用来分析规划未来战略的管理工具。

在变化莫测的时代背景下，企业经营战略上最为重要的就是未来学家和将未来学家所构思的想法付诸实践的专家，对于如今的日本企业来说，他们也是不可或缺的。

---

① Salesforce 是一家客户关系管理软件服务提供商。

## 🚗 对开创未来的合理构思

前文提到，开拓未来需要描绘未来的能力和实现所描绘的未来的能力。描绘出未来蓝图但未付诸实践，那么所描绘的未来就不会成为现实，这是在日本企业中常见的一种倾向。

埃森哲的主要业务是为客户提供战略咨询服务和解决方案。在与众多企业合作的过程中，最常听到的一句话就是"这个问题在几个月之前已探讨过了，目前仍在探讨中"。但是，所探讨的想法并未出现在市场中。不仅如此，我们甚至多次经历过所探讨的想法在几年之后成为欧美企业和初创企业率先在市场上确立的行业标准。

企业无法将想法付诸实践的原因各有不同。从汽车行业错综复杂的现状来看，现在是最后的机会，因为资本成本达到了历史最低水平。希望汽车行业的经营者都勇于尝试，将想法付诸实践，并对最终留存下来的商机进行集中性投资。

在此将着重介绍成功开展数字化服务的企业所采用的数字服务工厂（Digital Service Factory）模式。所谓数字服务工厂指的是，为加快事业从构思到落地执行的速度，从公司内部和公司外部聚集优秀人才的创新模式，这些人才包括负责整体构思的总指挥和设计师、负责系统组装的工程师、负责对从服务中获取的数据进行分析并得出使用方法的数据科学家以及负责服务运营的操作人员等。

在数字服务工厂模式下，从构思想法到试验仅需 3 个月，在这3 个月内不仅要开发出样品，还要确认用户的反馈意见。这样的模式类似大组织内的"扇形人工岛"，在垂直的组织内部无法实现与初创企业同等的速度，那么就在大企业的旗下来实现。

　　法国的能源企业施耐德电气公司与埃森哲合作开发出了"施耐德电气数字工厂"。施耐德电气公司的主要业务是提供电气和基础设施建设、为产业提供能源管理方案，是一家全球能效管理企业。在物联网的发展趋势中，施耐德电气公司也在摸索发展全新的数字化服务业务。施耐德电气公司通过分析从各机器收集到的数据，开发出了提前预知故障的预防维修保养和资产监控服务和使能源利用效率最大化的能源管理服务等各项数字化服务。通过数字化服务工厂，施耐德电气公司成功将从开发到执行所需的时间减少了 80%。

## 🚗 捕捉环境变化信息，紧跟时代发展潮流

本章考察了技术发展所衍生的新利润池，并指出要想战胜竞争对手必须确定发展方向。

但是，发展方向并非仅限于一种，受技术发展和制度变化等因素的影响，也许会出现不同的发展方向。提前策划多个发展思路不仅可以在变化多端的环境中做到随机应变，还可以降低落后于其他竞争对手的危机。

比如，也许某天优步会被某家企业收购，这并非不可能的事情，这势必会引发汽车行业的重组。另外，随着 AR 和 VR 等虚拟现实技术的发展，人类的居住场所和工作方式都将发生巨大变化。到那时，现有的城市结构也将发生变化，也许出行需求将长期减少。作为商业人士，无论如何都要时刻注意环境的变化，把握住眼前的新商机。

最后，今后的移动出行领域除了汽车和自行车之外，与之相关的服务和科技领域也会出现许多商机。不管现在是否已经进军汽车行业，对日本企业来说都是实现新突破的绝佳时机。

但是，正如本书前文所述，世界移动出行领域早已吹响竞争的号角，各企业也纷纷建立起自己的生态系统，可以说近几年的动向决定了汽车行业的未来。我们将和所有想要抓住这次难得的机会进行改革的企业、经营者、创业者以及地方自治体一同期待日本企业实现飞跃性发展。

人物专访

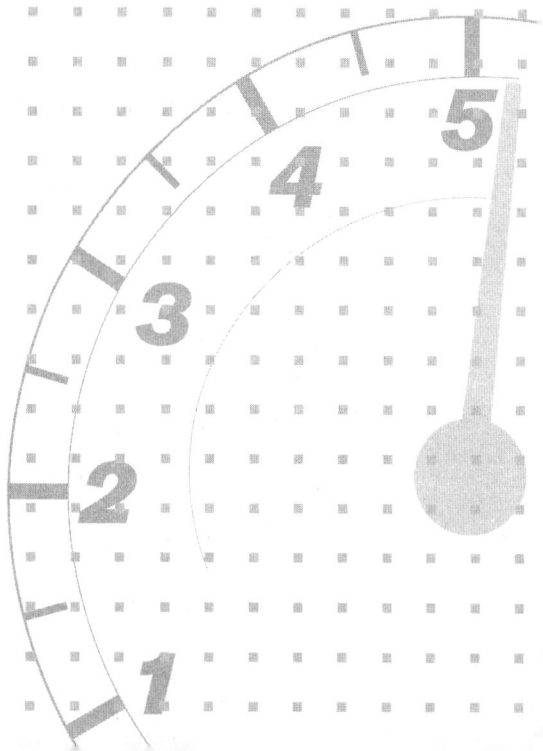

## 东京电力电网公司副社长冈本浩：从基础设施建设到平台建设

　　冈本浩于 1993 年毕业于东京大学研究生院，在校期间完成工学系研究科电气工学专业博士课程，取得工学博士学位。同年，入职东京电力电网公司，负责电力系统最优化技术研发工作。之后，在该公司技术企划部门以大容量送电技术等项目管理为核心，具体负责电力系统改革、可再生能源整合和智能电网战略制定、电力技术的国际标准化推进和海外咨询等业务。2015 年，任东京电力电网公司常务执行董事兼经营技术战略研究所所长。2017 年之后，任东京电力电网公司副社长，主要负责经营改革事务。在著作《Utility3.0：2050 年日本能源产业构想》一书中提出了汽车行业和电气行业今后将重合发展的设想。

### 电力行业和移动出行行业渊源深厚

　　提到电动汽车，有人可能会觉得这是在近年来世界开始呼吁保护生态环境之后才被发明出来的交通工具，实际上电动汽车有很长的发展史。

　　汽车行业和电力行业在约 140 年前同时诞生，初期汽车行业和电力行业还共享一部分人才，比如托马斯·爱迪生（Thomas Edison）与生产"T 型车"、推动汽车大众化发展的亨利·福特（Henry Ford）还存在工作上的交流。实际上，最早关于汽车的设想是搭载蓄电池并通过电动机驱动行驶的电动汽车，但最终福特内燃机驱动的汽车成为主流，电动汽车暂时退出了历史舞台。

回顾历史，除了汽车行业之外，有很多电力公司和铁路公司也颇有渊源。由于电力行业和移动出行领域自古以来就有很深的渊源，因此最近二者之间又重新开始合作。东京电力公司涉足电动汽车行业也有这方面的原因。

### CHAdeMO 快速充电标准在全球范围内得到了广泛应用

东京电力集团从 21 世纪初以姊川尚史（现任东京电力控股公司①经营技术策略研究所所长）为核心，开始进军汽车电动化领域。

在推动电动汽车普及的过程中，充电基础设施的建设是至关重要的。东京电力集团开发出了可在短时间内安全充电的标准规格快速充电器，该充电器可适用于不同型号的电池及未来提升性能之后的电池。东京电力集团还与丰田、日产、三菱和富士重工业共同成立了 CHAdeMO 协会，推动电动汽车快速充电器实现国际标准化。CHAdeMO 标准是目前世界上最为普及的充电器规格，全世界共有 22000 个 CHAdeMO 快速充电器。东京电力集团之所以能够在日本 CHAdeMO 协会中发挥重要作用，我认为首先是因为东京电力集团能够站在中立的立场上思考"推动电动汽车普及的策略"，其次是获得了汽车制造商和机械制造商的广泛信任。

电动汽车的充电方式可以分为两种，一种是普通充电，使用 AC100V 或 AC200V 进行充电，另一种是像 CHAdeMO 这样能够快速为电动车充入大量电量的快速充电方式。普通充电方式虽然需耗费大量时间，但是具有简便的优点，可通过家中的插座直接为电动

---

① 东京电力控股公司与前文的东京电力电网公司同属于东京电力集团。

汽车充电。我自己也是电动汽车的用户，以上两种充电方式都体验过，只能说各有千秋。通过对用户充电习惯的分析，可以进行最适用目前社会情况的配置，将来非接触式充电和自动充电方式也将逐渐普及。

## 响应社会号召，推动无碳化发电

为了实现无碳化发电，今后将大量使用太阳能等可再生能源。可再生能源受天气变化的影响较大，供应量也会随着天气的变化而变化，需要通过蓄电池来调整供需平衡。电动汽车通过充电将电量提前储存在蓄电池中，这一特性正好可以用来和输出功率有浮动的可再生能源相结合。随着电动汽车的普及，可再生能源的使用将变得比较容易，可从供给和需求两个方面推进无碳化发电。这也是我们进军移动出行领域的一大原因。

目前，我们还致力于建立能源供需平衡和需求预测的系统，我们在伊豆诸岛的新岛进行了为期 5 年的分布式能源虚拟电厂技术（VPP）实验，通过充分利用蓄电池来调整可再生能源的出力变化，在此基础上预测次日的电力需求和可再生能源的发电量，再决定在岛上运行多少台柴油发电机组，制订电动汽车最佳行驶计划等。将来，随着电动汽车的普及，电动汽车将可以通过这一系统为电力系统的稳定做出巨大贡献。

当自动驾驶技术进入商业化阶段，将实行浮动价值机制，充电费用会根据时间和地点随时变动，电动汽车系统会判断何时在何地进行充电或放电最为划算，在时刻掌握电网状况的基础上实现自动充电。价格浮动机制的算法也将成为一个较大的研究课题。

## 电力公司的全球化竞争进入新阶段

除了东京电力公司之外，欧美和中国等国家和地区的电力公司也开始期待通过电动汽车实现新的增长。

在日本推动电动汽车快速充电器实现国际标准化的初期，中国和欧美的电力公司对电动汽车还未有较大的兴趣。日本快速充电器的国际化标准也对欧洲的汽车制造商产生了影响，欧洲各国开始围绕建立国际化标准的目标进行快速充电技术的研发。之后，中国和欧洲部分国家针对电动汽车推出了国家补贴和税制优惠等扶持政策，推动了电动汽车市场的快速发展。目前，中国电力企业联合会（Chian Electricity Council，CEC）和 CHAdeMO 协会在中国和日本政府的支持下正在制定一项新的全球快速充电标准。

各国电力公司之所以合力推动汽车的电动化发展，是基于无碳化发展的全球共同课题。众多电力公司开始进行可再生能源的开发，和电动汽车制造商一同致力于热源机器的电动化发展。日本的热泵电热水器也渐渐在欧美普及，热泵电热水器可以将空气中的低温热能吸收，并且在机器内部转化为高温热能加热水。

不管在 CHAdeMO 标准方面还是热泵电热水器方面，东京电力集团都走在世界前列，遗憾的是如今却给外界留下停滞不前的印象。特别是近 7 年来，日本陷入了被世界其他各国赶超的危机感。

## 致力成为平台企业

今后，移动工具也许不再归个人所有，并将成为在想使用时支付费用即可使用的服务，"移动出行即服务"社会即将实现。我们今后的目标是为移动出行服务商提供基础平台。为了实现这个目标，需要与其他企业开展合作。

除了谷歌、苹果、脸书和亚马逊等高科技行业巨头之外，优步这样的配车服务平台也备受关注，从某个角度来说，电力公司也是一个平台。

维持电动汽车正常行驶的平台具体是怎样的呢？首先当然需要提供接入电网的充电基础设施，平台可提供充电器和电网的状态数据，还可提供认证和支付服务。另外还需要虚拟电厂平台，在可再生能源发电量较多的情况下，充分利用处于静止充电状态的电动汽车的蓄电池，维持电力系统的稳定，并为电动汽车的车主提供相应报酬。当自动驾驶技术实现商业化，还需要为送电铁塔和电线杆等设备安装传感器，支持自动驾驶技术。

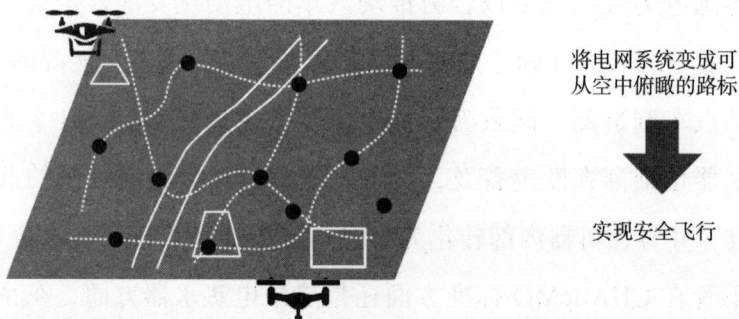

将电网系统变成可从空中俯瞰的路标

实现安全飞行

**图 8-1　"Drone Highway"构想**

东京电力正在推行"Drone Highway"构想，这原本是为了防止无人机撞上电线和电线杆而建立的"三次元路标"。这个构想进一步深化，可以发展为控制无人机按照既定路线飞行的管制系统。

## 加速开放式创新

能源和电力系统原本就是社会基础设施之一，行业的首要目标是实现稳定的供给，属于相对保守且不会发生较大变化的行业。由于日本的能源自给率非常之低，出于这一危机感，日本的能源行业进行了节能技术的开发和将液化天然气用于发电等创新。反观欧美的电力公司，除了一部分巨头企业之外，所有的研发创新工作都依附于制造业。但是近年来，随着数字化的发展，也有许多电力公司设立研发创新中心，开发全新的产品和服务。比如，荷兰的电力公司成立独立子公司开展 10 多项新事业，主要围绕智能城市和分散式电量交易等方面，这在以往的电力公司中是很罕见的操作。这一动向在今后 5—10 年的时间里将会更为活跃。

今后，我们也将跨产业参与到开创未来的新事业中，在参与新事业的过程中不可避免地要和至今为止都无交集的行业通力合作。今后对于企业来说，加快开放式创新的脚步是至关重要的。因此，我们必须向外界充分展示企业的目标和所面临的课题，通过这样的方式可以与拥有优秀想法和先进技术的公司通力合作。比如，目前东京电力集团通过 TEPCO CUUSOO 网络平台，公开征集优秀的建议和想法。当然，通过看似过时的人为方式也能够征集到优秀的想法，有必要将以上两种方式进行有机结合。

在如今这个行业重组的时代，政府也不能按照旧有的方式进行管理。原本汽车相关的事务都归国土交通省管辖，但是随着新兴产业的出现，要想实现"移动出行即服务"社会，就必须与总务省、经济产业省等实行跨部门合作。目前，各个领域的技术均实现了高度化和专业化发展，出现了许多分散的"孤岛"，在这种背景下，政府需要具体探讨管理方式。

## 🚗 本田技研工业株式会社常务执行董事松本宜之：实现未来移动出行社会的生态系统构想

松本宜之于 1981 年加入本田技研工业株式会社，继负责雅阁（Accord）、思域（Civic）和型格（Integra）等车型的研发之后，又于 2001 年负责第一代飞度（Fit）的研发工作，2002 年，飞度成为第一款登上当年销量榜的本田汽车。2006 年，就任本田技研工业株式会社执行董事一职，历任本田技研四轮车事业本部四轮车产品开发负责人、玲鹿制造所所长和亚洲大洋洲本部生产统括管理负责人等。2015 年，就任本田技研常务执行董事、四轮车事业部本部长。2016—2019 年，就任本田技术研究所总裁兼首席执行官。

### 百年一遇的变革已经拉开帷幕

如今，汽车制造业已迎来了巨大变革的时代。由于面临人口结构变化、年轻人口不断减少的问题，日本汽车市场的需求持续低迷，而中国、美国和其他亚洲各国汽车市场的需求正在不断增加。谷歌和苹果等 IT 行业巨头的出现改变了人们的价值观念，对汽车的消费观念也从拥有向使用转变。这样的变革不仅发生在日本，全世界都处于大变革的发展潮流之中。

在这样的变革潮流中，原有的进行产业链垂直整合的产业已无法继续实现增长。例如，日本的液晶面板产品长期处于世界领先地位，并拥有多项技术专利，但是在亚洲各国的追赶和超越之下，日本已无法继续将"专注生产好产品"作为未来的发展策略。今后，汽车行业也将发生这样的转变，只有认真思考包括专利战略在内的综合性战略，才能拥有未来。

近几年来，发生在其他国家的动向给日本造成了巨大的冲击，比如欧洲发生柴油车丑闻、中国将电动汽车发展作为长期国策列入国家发展规划。汽车市场直接越过日本汽车制造商引以为傲的混合动力汽车，直接加速向电动汽车转型。而且，IT 行业在电动化领域的汽车共享和联网技术上具有绝对性优势，日本的汽车制造商必须深入思考自己是否具有与之抗衡的技术实力，自己的优势究竟在何处。

## 与新兴市场参与者之间的竞争和合作

今后的移动出行服务市场中，实力最强的竞争对手也许还是四轮汽车制造商，但是他们已无法凭借自身的力量参与未来的移动出行服务竞争。单纯销售汽车的时代已经结束，今后汽车制造商的经营模式将发生巨大的变化。汽车制造商将不再注重汽车销量和销售额，而将注重如何通过生态系统服务提升整体的收益。

比如，软银集团和滴滴出行共同推出了出租车打车平台滴滴日本，据有关统计，滴滴出行平台在全球范围内拥有 3000 万注册司机，平台每日可收集 1.2 亿英里的行驶数据，基于数据分析可进行需求预测和车辆调度。搭建起这样的移动出行网之后，既可将滴滴出行视为竞争对手，也可将滴滴出行视为合作伙伴，因为若没有车辆，他们将无法提供移动出行服务。

不要一味害怕 IT 行业巨头，他们擅长制造服务，而汽车制造商则擅长制造实物，因此可以选择通力合作的道路。若选择合作，那么汽车制造商和其他市场参与者需要以最快的速度磨合，因此如何尽快实现技术的积累将成为成败的关键。

## 先改变自我

速度和规模一般呈负相关关系。历史证明，规模较小且成立时间较短的企业在面对变化时能够更快地采取应对措施，而规模较大、成立时间较长的企业往往应对速度较慢，这是永恒的法则。因此，大企业只能自主进行组织形态的改变。2018 年，本田技研迎来了创业 70 周年的诞辰，仅本田研究所就有超过 1 万名员工。本田研究所采取了下放权限的组织结构，确保员工可根据自己的想法和判断处理问题，无须层层上报获得许可，因为若不采取这样的组织结构就无法提高工作效率。人们只会根据所看到的业绩来评价一个企业，因此现有事业经营的核心是确保每日的业务量。我认为，大企业自行细分组织结构也是提高效率的方式之一。

不管采取怎样的方式，不得不承认的是，在这样复杂的结构中，确保收益变得越来越难。若此处注定是时代的转折点，就必须直面困难。只有转换观念，先从自身开始变革，才不会被时代抛弃。

当然，挑战新事物是有风险的，比如投入成本研发某项技术时，有可能面临行业研究方向发生变化的情况。在这个技术快速发展的时代背景下，难以预测目前所研究的技术能够持续使用多久，但是最大的风险是错失机会。

## 包括机器人技术在内的技术研发生态系统

目前，世界正处于大变革时代，也处于能够创造新价值的时代，变革的潮流将扩大到汽车行业之外的领域。现有的竞争激烈的红海市场只有通过开放式创新实现新兴技术和服务的组合，才有可能变成蕴含庞大需求的蓝海市场。

对于汽车制造商来说，至今为止所有技术都以移动出行工具为核心，移动出行工具不仅需要使用能源，有时候还会成为交通事故的"肇事者"。今后，随着 5G 技术的发展，通信速度将不断加快。AI 技术的深度学习能力越发达，就越需要巨大的服务器，同时也需要维持服务器运转的能源。如何控制能源的消耗以及如何创造一个可持续发展的再生能源社会，是未来社会发展的关键。另外，考虑到安全性问题，未来将深入研发自动驾驶技术。

除了移动出行工具和能源问题之外，还需要思考包含机器人技术在内的技术研发生态系统。未来本田技研将致力于建设可持续发展的生态系统，让用户在日常生活中时刻都会接触到本田技研的产品和技术，不管是乘坐汽车，还是与机器人对话，都会接触到本田技研。

移动出行领域有"移动即出行"这样的概念，我们将随时可以使用机器人的系统称为"机器人技术即服务"（Robotics as a Service, Raas）。通过以拓展人类无限的可能性、与人类协调发展和与人类产生情感共鸣这三个方面为核心，建立凸显人类创造力的机器人社会，并将之作为本田技研的体系价值之一来完成。

## 重要的并非出行，而是体验

今后汽车产业将发生怎样的变化呢？当我们在思考这个问题时，或许可以参考上文所提到的机器人社会。目前我们已经拥有汽车和自行车等二维的移动出行工具，HondaJet 所代表的小型商务喷气飞机是三维的移动出行工具，而 ASIMO（阿西莫）这样的机器人可以被称为四维的移动出行工具。四维意味着超越时空的限制，我们可以这样理解：在超越时空的地方，类人型机器人作为我们的分身存在。一旦类人型机器人投入使用，那么人类也许将无须自己出行，ASIMO 机器人会代替我们操作和体验一切事物，这时候的机器人不一定就是移动工具。

本田研究所正在进行这方面的研究。虽然从研发现状来看尚处于初期阶段，但是本田研究所擅长在概念上进行创新。技术终究只是手段，最后的主角一定是人类。本田集团创始人本田宗一郎先生也曾说过，关键在于人类的想法。

我们的目标是为顾客提供体验价值。在时间价值、空间价值和体验价值等所有的价值中，处于最高位置的是体验价值。

## 终极目标是实现"激发人类创造力的机器人社会"

虽然实现"激发人类创造力的机器人社会"只是我个人的想法，但是我们的前辈就是以此为目标开发出了 ASIMO 机器人。除了创造出实物之外，我们还要创造出概念和生活方式。

我们也将 AI 称为 CI（Cooperative Intelligence），即能与人类协作的人工智能技术，这是有温度的人工智能技术。实现"激发人类创造力的机器人社会"是我们的最终目标，而拥有基于 CI 认知的科学家团队是我们最大的优势。

今后，我们不仅要进行技术层面的开发，还要在未来社会蓝图的指导下具体推进概念的落实。